阅读成就思想……

Read to Achieve

[美] 约瑟夫·麦科马克
（Joseph McCormack）◎著

何莹◎译

精简

言简意赅的表达艺术

BRIEF

MAKE A BIGGER IMPACT BY SAYING LESS

中国人民大学出版社
· 北京 ·

图书在版编目（CIP）数据

精简：言简意赅的表达艺术 /（美）约瑟夫·麦科马克（Joseph McCormack）著；何莹译 . -- 北京 : 中国人民大学出版社，2017.3

书名原文：Brief：Make a Bigger Impact by Saying Less

ISBN 978-7-300-23933-0

Ⅰ . ①精… Ⅱ . ①约… ②何… Ⅲ . ①企业战略—战略管理 Ⅳ . ① F272

中国版本图书馆 CIP 数据核字 (2017) 第 007944 号

精简：言简意赅的表达艺术

[美] 约瑟夫·麦科马克（Joseph McCormack） 著
何　莹　译
Jingjian : Yanjianyigai de Biaoda Yishu

出版发行	中国人民大学出版社	
社　　址	北京中关村大街 31 号	**邮政编码**　100080
电　　话	010-62511242（总编室）	010-62511770（质管部）
	010-82501766（邮购部）	010-62514148（门市部）
	010-62515195（发行公司）	010-62515275（盗版举报）
网　　址	http://www.crup.com.cn	
	http://www.ttrnet.com（人大教研网）	
经　　销	新华书店	
印　　刷	北京联兴盛业印刷股份有限公司	
规　　格	155mm×230mm　16 开本	**版　　次**　2017 年 3 月第 1 版
印　　张	15　插页 2	**印　　次**　2024 年 5 月第 4 次印刷
字　　数	174 000	**定　　价**　75.00 元

本书赞誉

你可以写一本教会人们如何集中注意力、如何停止分神、如何防止被干扰的书，你也可以帮助人们学会简洁地表达。约瑟夫选择了一种更好的方式。

约翰·查林杰，Challenger, Gray & Christmas 公司 CEO

我们进入了信息超负荷的时代。精简表达是一种新式武器，可以让我们从迷丛中披荆斩棘，脱颖而出。

萨姆·霍恩，《成功的产品包装》作者

作为一名军队领导者，这种清楚且简洁地讲故事的能力能够帮助我从容应对不利的媒体环境。我相信，采用约瑟夫的建议和想法能使我成为一名更加有效和高效的领导者。

考德威尔将军

推荐序　说明白，不容易！但有方法

为了让读者更容易明白这本书在管理上的价值，约瑟夫·麦科马克给自己的这本书——《精简：言简意赅的表达艺术》精练出一句广告语——它是关乎于精益的沟通方法，是人在沟通上使用的六西格玛。

一晃，我在北京大学创业训练营担任创业导师已经第4个年头了，看到了不少初创企业真实的生存状况，许多创业者在商业逻辑以及商业模式的推敲上还是相当地粗糙：他们努力生产，但客户并不买账；他们努力沟通，但却无法把自己的商业模式、产品与服务价值说明白；他们每个人都没日没夜地工作，但团队的工作效能却不是很高……

一句话，所谓的创业成功，说到底还是一个"小概率事件"。我们之所以平时听到的大多是所谓成功者的言论，其原因也只有一个——死者不会说话。但活着的人就会"说话"了吗？也不尽然，甚至可以说，我辅导过的大部分学员沟通的能力都不强，不会"讲故事"——讲不出打动人心的故事，他们讲不明白的原因是还没想明白、没干明白。这也许是我们于2016年与阅想时代一起成功引进《精益创业》一书之后，又于2017年共同引进《精简：言简意赅的表达艺术》这本书的初衷。如果说《精益创业》的价值在于教会大家"想明白"，那么《精简：言简意赅的表达艺术》这本书就是教会大家如何"说明白"。

在很多场合，我曾经分享过我对管理的感悟：管理是认知（知），管理是实践（行），管理也是沟通（言）。所谓的"知"，是指企业对"本源"问题的认知和体悟；所谓的"行"，则是指企业实践和行动；所谓的"言"，则是指企业与相关利益者的沟通。而管理过程的本身就是管理者"知行言合一"的一场修炼。

大部分初创企业的倒下，并不是因为他们没有完成预设的目标，而是客户不买账。"精益创业"的基本逻辑点恰恰就在这里——避免生产没人想要的产品，从而提高创业成功率。学会"精简的沟通"，同样是提高管理效能的重要方法与手段。在信息爆炸的互联网时代，掌握这样的方法尤为重要。

《精简：言简意赅的表达艺术》的作者约瑟夫·麦科马克特别指出，我们越是在信息爆炸的时代，患有注意力缺失症的几率就越大，也就越来越迫切地需要精简的表达方式，但这种方式却很少有人做到。

在他看来，我们的表达方式如果不够清晰或简洁，就可能产生严重的后果：时间、金钱等资源被浪费；在混乱之中做出决策；有价值的观点得不到认可；人员被设置在错误的岗位；唾手可得的商业机会却一再被错过。"企业要想在当今这个信息满载、超级繁忙的世界中获得成功，就必须改变原有的冗长杂乱的表达。因此，我决定写这本书，帮助人们逐步找到快速说出要点的秘诀。"为了让读者更容易明白这本书在管理上的价值，约瑟夫·麦科马克给自己的这本书精练出一句广告语——它是关乎于精益的沟通方法，是人在沟通上使用的六西格玛。

德鲁克说过："管理是有方法的。"既然沟通也是管理，那么高效的沟通也是有方法的。作者介绍，人们通过阅读并学习这本书，能够运用故事叙述和"精简"的表达技巧，将复杂的任务解释得清晰且具有说服力。人们能够高效地表达复杂的信息，其对内容的表述更加清晰、阐释得更加令人信服。人们使用的 PPT 越来越少，结果却是，人们的谈话质量越来越高，谈话内容也越来越吸引人。

　　一句话——如果你在读这本书时积极地按照书上所说的去做，你将学会如何清晰地表达，而且言之有物，不再说废话，说出的话也不会让人无法理解。

　　不信，你可以找来这本书，并试上一试。

北京大学创业训练营导师、智囊传媒董事长

傅强

前言　为什么要推崇精简表达

我们患有注意力缺失症，迫切需要精简的表达方式，但这种方式却很少有人做到。

如果我们的表达方式不够清晰或简洁，就可能产生严重的后果：时间、金钱等资源被浪费；在混乱之中做出决策；有价值的观点得不到认可；人员被设置在错误的岗位；唾手可得的买卖却一再被推迟。

我是一家精品营销机构的创始人，主要帮助客户把自己的故事讲清楚，这些客户包括哈雷戴维森（Harley-Davidson）、蒙特利尔财务金融集团旗下的哈里斯银行（BMO Harris Bank）、万事达信用卡（MasterCard）和格雷杰公司（W.W.Grainger）等。我知道，精简表达是一项并不常见的技能。

多年以来，许多商业领袖和军队领导都向我抱怨过同样的事，如：将信息表达得模糊凌乱，说不到重点；在理解事物上无法达成一致；经过冗长的演示后，其效果却乏善可陈等。

企业要想在当今这个信息满载、超级繁忙的世界中获得成功，就必须改变原有的冗长杂乱的表达。因此，我决定写这本《精简》，帮助人们逐步找到快速说出要点的秘诀。

阅读此书，所有人都能学会将复杂的东西说清楚。在公司成立几年后，我就受到来自布拉格堡（美国北卡罗来纳州中南部城镇）的美国特种作战司令部的邀请，为他们原创设计一套课程。我发现，这些美国军队的精英人士中有一部分人不擅长沟通表达。他们承认，关键任务的报告太长、细节内容太多，让人很难理解，苦不堪言。

使用这种为特种作战司令部设计的课程对他们的改变非常大，对其产生的影响也让人难以置信。这正是《精简》这本书诞生的契机。它是关乎于精益的沟通方法，是人在沟通上使用的六西格玛。

在使用我们的叙述图示课程几天后，我就看到了很大的转变。学员已经能够运用故事叙述和"精简"的表达技巧，将复杂的任务解释得清晰且具有说服力。他们能够高效地表达复杂的信息，其对内容的表述更加清晰、阐释得更加令人信服。他们使用的 PPT 越来越少，结果却是谈话质量越来越高，谈话内容也越来越吸引人。

一个课程学员曾这样评价："差别太大了。我们的报告能够证明少即是多。"

我相信，美国特种作战司令部所学的这种课程同样适用于企业，它可以帮助在企业工作的人简洁清晰地分享自己的故事。

我知道你们都很忙，所以我将这本书的使用方法设计得非常直接。如果你在读这本书时能够积极地按照书上所说的去做，你将学会如何清晰地表达，而且言之有物，不再说废话，你说出的话也不会让人无法理解。

该书采用的是一种新式 ADD 结构：意识（awareness）、训练（discipline）以及决断力（decisiveness）。

第一部分：意识——具有将自己和他人的表达提升到新的简洁标准的信念。

第二部分：训练——精简表达的方法能使你产生必要的大脑肌肉记忆，让你每次都能做到精益沟通。

第三部分：决断力——识别关键时刻的能力，在这些时刻，你需要有效且高效地传达真正重要的信息。

[brief] **BITS**

如果你想得到更多，就要说得更少。在如今这个患有注意力缺失症的世界中，那些想要获得成功或事业兴隆的人都是精益沟通的大师。他们能够脱颖而出，让人看到、听到他们想要表达的思想，他们的公司也因此而获得成功。你需要下定决心，必须要做到精简表达，这个标准没有任何商量的余地。

正如我直接观察到的那样，除非我们能够做到精益沟通，并且让自己的想法得以突出，否则运用好"精简表达"一直都会是我们遇到的挑战。

你准备好了吗？

这用不了多少时间。

章节	简介	第一部分	第二部分	第三部分	第四部分
问题	为什么	为什么是现在	怎么做	时间 / 地点	下一步
标题	精简表达的重要性和新式 ADD 结构：意识、训练以及决断力	强化精简表达的意识，当今世界渴求精简表达	如何掌握清晰简洁的表达法则	提高决断力，知道该在何时何地做到精简表达	总结和行动计划
简而言之	探索做到精简表达的前提和效果	恰到好处地满足求知欲	清晰简洁的表达技巧	"少即是多"的场合	每日实践，否则无用
要点	《精简》一书诞生背后的故事，以及读者的期待	信息泛滥、注意力缺失、突如其来的打断防不胜防，人们渴望精简的表达	培养专注力，帮助人们脱颖而出的方法	掌握使用精简表达的关键时机和场合	完成一系列实用建议和挑战，确保自己一直具备精简表达的技能
读者感受	好奇		入迷		投入练习
底线	商务活动中的硬规则	当今世界的难题，也是成功的前提	适用于所有人	使用的时机和场合	对做到精简表达的训练建议及其保持方法

如何阅读这本书

为了便于读者阅读，并使其在短期内收到成效，《精简》一书在设计上使用了较多的重复设计和视觉元素来帮助读者抓住要领。

▶ **简短的小贴士（BRIEF BITS）**——用士兵的形象来表示这些小版块，它们为我们提供了一些建议，提醒我们必须时时谨慎、严于律己，确保每次表达都清晰、简洁。

▶ **基本法则（BRIEF BASICS）**——该部分提供了一些关键技巧和法则，掌握这些法则是实现精简沟通的关键。

▶ **经理人注意（EXECUTIVE ATTENTION）**——因为周围的人都做不到精简表达，使两位经理人的生活受到了严重影响。每个场景都描述了他们日常遇到的问题，以及精简表达的力量如何使事情发展走向正轨。

目　录

第三部分　决断力

第四部分　精简表达训练指南

第一部分

意识

Brief: Make a Bigger
Impact by Saying Less

强化精简表达的意识，当今世界渴求
精简表达。

第 1 章　精简表达为何重要

长话短说。高管们总是很忙，他们每天接收的信息量如同洪水泛滥。你的表达如果滔滔不绝，这种信息只会淹没在洪流一般的信息中。

要么直击要点，要么付出代价

没有做到精简表达而错失良机，你很难承担这种后果，因为这意味着你不是成功就是失败。如果你以为自己已经清晰表达了全部内容，那就错了。

在 20 多年里，我同数百位领导和高管交谈过，听过很多因无法在谈话中快速找到重点而导致失败的故事。这种因做不到精简表达而产生的后果真实存在且立竿见影，而且能造成持久的影响。

下面是几个例子。

- **将军出局**。一名作战军官向上级就推荐的行动战略方针做一个简短的情况汇报，这名军官使用了一系列 PPT。在他演示时，一位高级将军过分执着于细节，在整个展示过程中都在挑 PPT

上的排版错误，导致这位军官很快就失去了听众。

- **明日之星止步**。一位聪明、年轻的女士看起来是典型的骨干人选——她聪明、能干、迷人——被公司高级领导广泛认可，他们认为她是公司未来的重要骨干。但她有着致命的缺点，那就是：因为她过于健谈，她完不成大笔的交易。她的过于健谈让她不适合完成所有面对面的交易。

- **到手的交易跑了**。销售主管发现，他的跟单人员过分热心。在与新客户签完一份 50 万美元的订单后，跟单人员竟然向客户解释了订单金额比实际金额多的原因，而致使这笔订单金额最终减少了 20 万美元。

- **98 页的演讲**。企业传播部副总裁想在一次大型新闻发布会上使用一份简洁的、能用一页纸说完的产品摘要，但她发现自己的团队给出的是一份将近 100 页的 PPT。这份近 100 页的 PPT 使她的收件箱差点崩溃，当然这件事也就到此为止了。

- **英雄的故事遭到忽视**。一名警官主动向一份主流杂志称赞某位同事的大公无私，及其对一位残疾运动员提供的无私帮助。但可惜的是，当记者采访这位警官时，他的表达却说不到要点，只会喋喋不休。记者听得一头雾水，最终放弃报道这个故事。

- **变味的午宴**。在繁忙的工作日，300 名管理者抽空参加了某个公益机构举办的慈善筹款午宴。餐后，原本规定主要演讲人只有 20 分钟演讲时间，但他滔滔不绝，演讲时间远远超过了规定时间。将近一小时后，一屋子的人走了一半，本来感觉不错的慈善午宴也失去了其原有的味道。

在表达时，你需要抓住重点。当今世界所含的信息量过多，人们没有足够时间去读完所有信息。如果你无法吸引人们的注意力、不能

简明扼要地传达信息，你就会失去听众。

不断被干扰的高管

我曾遇到一位名叫艾德的高管，他与其他许多忙碌的领导者并无二致——他们都很容易分心。

"在我生活中和脑子里要考虑的事太多了，"艾德抱怨道，"我的大脑好像整天都在遭受袭击，接收不间断的电子邮件、会议、电话、干扰、信息，这些太让人崩溃了。"

艾德对我继续说："几周前，我同一家小型广告代理机构有个非常重要的会议，我们要一起讨论针对年轻消费者的广告。想要接触到年轻消费者的领域并吸引其注意力是件很难的事，所以我对他们机构的策略、时间表和计划都非常感兴趣。"

即使艾德不怎么喜欢这个会议，但他对这个话题很感兴趣，对会议还是满怀期待。但当我问他会议怎么样时，他回答："我们原定的会议时间是一个小时，他们对我保证只有几页 PPT 的演示，但其中夹带了太多研究和推荐的内容。尽管他们控制了 PPT 的数量，但每页 PPT 还是被塞得满满当当。"

"他们可能想尽量精简并将内容讲清楚，但他们想要叙述的内容似乎太多了。"我说。

"而且这还不是主要问题，"艾德继续向我抱怨，"会议开始 5 分钟左右，我就感觉口袋里的手机响了，但却没有找到手机——你知道，当你抖腿时感觉手机好像震动了，但当你查看时手机却根本不在那里。最后，我在包里找到了自己的手机——我一直都在找手机，并没有听他们的演示。"

[brief] BASICS

抓不住的 600：管理多余的心智宽带

人们的讲话速度大约是每分钟 150 个字，而大脑每分钟能处理的字数大约是前者的 5 倍——750 个字。

在大学同学聚会上，你正和几个老同学交谈，他们正在谈起以前的一些开心时刻。当他们叙述你过去的成绩时，你脑中却瞬间追溯起大四时的一段旧情。你回忆着自己当初结束这段感情时的痛苦，所有细节历历在目。你一边回想着整个分手的情景，一边却听着老同学们谈话、跟着他们一起笑。你的大脑同时处理着两段不相干的谈话。

这种一边参与交谈、一边却思考着另外一件事的现象就叫做"抓不住的 600"——这种现象在人们的工作中经常出现。其原理如下。

人们的讲话速度大约是每分钟 150 个字，大脑每分钟能处理的字大约是说话速度的 5 倍——750 个字。所以，当你在听别人说话时，你还有约每分钟 600 多字的多余心智去思考其他的事。当你说话或听别人说话时，你总会有多余的心智，这正是表达需要变得精简的原因。下面列举了一些"抓不住的 600"的涵义。

▶ **它会潜移默化。** 当你说话时，别人的想法很容易就影响了你的思路，你甚至会不自觉地开始分享这些想法。

▶ **它会引起分神。** 不管你在说话还是在听，一个词语或某个不相关的干扰都能让你分神。

▶ **它需要管理。** 不管你在说话还是在听别人说话，你都有必要管理自己的"抓不住的 600"。

"然后我发现，我真的收到了一条妻子发过来的信息。当然，我查看了这条信息。她告诉我，需要立即上交一份助学金文件，它已经过期了，但我女儿大学秋季学期要用——所以，我也必须回复。"

"每个人都会遇到这样的事。你有一部智能手机，人们就能随时随地找到你，不管你在哪里，也不管你在做什么。"我补充说，试图帮他找理由。

"是的。但这次我是在一个非常重要的会议上，而且在会议开始后10分钟，代理机构的人就开始问我问题。我感到有点被动，甚至有些紧张，因为我知道，自己一直没有认真听他讲话。"他说。

"就像在高中上课时做白日梦，当老师点你回答问题时被抓到一样。"我有共鸣。

"对，所以我试图回到会议中来并向他们道歉。我向他们解释刚才是在处理妻子发来的信息，并告诉他们，'我们继续吧。'我感到有点分心，但我仍努力集中精神去听他们的计划和分析。然后，有人敲门——是我的同事，说有非常重要的事，而且只需耽误我几分钟时间。于是我走出会议室跟她讨论另一个项目，她需要我做出决策。她说了三四分钟，最终我不得不打断她。"他说。

从这点上，我们就知道整个谈话是怎样的情形。

"我回到会议室，再次道歉。每个人都说没关系，但是我们的会议气氛变得更糟，可供讨论的时间也更少了。与这个团队继续讨论几分钟后，我开始担心我们无法按时完成这次任务。处理这些悬而未决的问题就像在打一场失败的战役，我开始为接下来的会议感到担心。"

"那么，你跟代理机构重新安排时间了吗？"我问他，不确定他是否意识到这点，他们那时的情况已经无法再次集中精力或者进行快速讨论。

"没有，我开始变得烦躁。我也不知道为什么，会议似乎有了一种之前没有过的紧张感，而且这种感觉越来越强烈。"

"那代理机构是否有人帮忙做下总结或者根据当时的情况进行调整？"

"没有，"他回答说，"他们知道我有多忙，但仍然花了50分钟才讲到重点。他们所讲的内容铺垫太多，而且信息模糊。我知道他们都很聪明，但很可惜这些都没有体现出来。"

"你认为这是谁的错呢？"

"我不清楚这是谁的原因，但我总是碰到这样的事。而且，这些事变得越来越棘手，并没有变得更加清晰起来，随着时间的增加，这些琐碎的事逐渐变得令人崩溃。"艾德叹了口气。

"但是，如果代理机构的人能更好地为你管理，情况会怎样呢？"

"我？"艾德惊讶地看着我，再次陷入沉思。"也许你是对的，看手机短信、被打断的人是我，"他说，"但他们应该更快地说到问题的重点。"

"艾德，你的世界不会变得更简单，只会变得更复杂，这种变化也不会停止，"我试着劝他，想让他感觉好点，"电话、电子邮件、短信、社交媒体，以及那些干扰你的事都会让你频繁地关注，而且它们不会立即消失。"

"代理机构——或者其他任何需要引起你注意力的人——都需要对你有所适应和进行管理，他们应该明白这就是你的生活，"我说，"代理机构的聪明之处并没有在你这里体现出来，是因为做展示的人没能找到一种创造性的方式说出关键问题，来吸引你集中注意力。"

当没有听到信息时，谁应该负责调整

每天，其他高管也会遇到在艾德身上发生的事。一个聪明的人给一个事务繁忙的人做展示，而后者却不断地被信息轰炸、不时地被干扰、很容易走神，并且逐渐变得没有耐心。这是谁的错呢？

当忙碌的高管们想要搞清状况但却迟迟听不明白时，他们就会选择离开。当你需要吸引像艾德这样的人的注意力时，你很可能已经遇到这样的情况。你知道自己要分享的观点很棒、你所提供的信息非常重要，但你该如何让他人愿意听你讲呢？

在当代社会里，人们常常需要同时处理许多事情，大脑如同壁垒一样——而"简洁"就是进入人们大脑的钥匙。当你认为自己有一个小时的时间可以讲，于是直到讲话的末尾再抛出亮点，那就太迟了。在开始演讲的几分钟内，你已经失去了自己的听众——不管你的听众只有 1 个还是 100 个。但是，如果你引起了他们的注意力，并且能对其进行恰当的管理，那么，不管发生任何干扰，你所做的展示都不会受到影响。你要做的是在讲话的前 5 分钟内说到重点，而不是在 50 分钟内才做到。

精简表达大师总是说的话少，成的事多。

时间的把握是关键

想要做到简洁的表达，不仅仅只从时间的角度出发。一位纽约的媒体培训师曾这样跟我说过："想要做到精简表达，不仅要考虑时间问题，更重要的是让观众感觉到时间究竟有多长。"

> ### [brief] **BITS**
>
> **精简表达不仅仅是时间的问题**
>
> 　　不管是用统计字数还是用秒表或其他方法，对精简的定义并没有使用神奇的算法。精简，就是指表达紧凑，而不是指在短时间内快速地说出很多内容，要时刻思考如何用很少的话表达出丰富的意思。

　　因此，不要被"时间很短"这个狭隘的说法所蒙蔽。"精简"不是指用的时间最少，而是指尽可能地去利用好你所拥有的时间。

精简的平衡：清晰、简明和信服力的统一

　　并非所有人都希望人们能做出简洁扼要的表达。蒂姆·麦奎尔（Tim McGuire）是美国国家优秀学生奖学金社团（National Merit Scholarship Corporation）的主席，该社团每年向约 1 万名优秀高中生提供共计 5 000 万美元的补助金。

　　"每年，当你处理一批新的总数超过 150 万的学生申请时，你需要听非常多的细节内容，"麦奎尔说，"而且，因为基金总额有限，每年我们都要和那些进入最后筛选阶段的天才们交谈，以便挑选最终获奖人。"

　　竞争非常激烈，每次申请都有很多候选人，而他们的获奖资格看起来并没有什么不同。

　　"这就像把头发进行筛选分离一样。"他说。

　　麦奎尔和国家奖学金社团要求进入最后一轮的候选人说清自己的

获奖资格，从而打破这种均衡的局面——他们想要的并不是经过筛选的内容，申请者在叙述中删去太多细节可能会断送获得奖学金的机会。

助学金候选人需要提供很多有关成绩方面的细节，但他们仍然需要遵守表达要简明扼要这一原则。这是一种平衡的艺术，关乎简洁、清晰以及信服力，三者需要和谐统一。

在最后的面试中，申请者们需要阐明自己的背景以及其他打动人心之处，但不仅仅局限于这些内容。他们需要说清楚自己的获奖资格，但不能在一个问题上喋喋不休，夸大自己的能力；他们还需要让人信服，进行简洁的表达。面试官希望看到申请者描绘出一幅愿景，将自己同其他申请者区分开。

精简不仅仅是指简明。你需要做的是平衡好传达信息所耗费的时间，并让他人采取行动。当这些能同时产生共鸣时，就出现了精简的和谐状态。

精简的暂停

在我们开始钻研这本书、弄清我们讨论的这种精简表达之前，让我们先暂停一会儿。

21 世纪学习顾问（21st Century Learning Advisors）的创始人兼CEO、《21 世纪技巧：为我们时代的生活而学》（*21st Century Skills*: *Learning for Life in Our Times*）的合著者伯尼·特里林（Bernie Trilling）杜撰了术语"轻精简"和"深精简"，并以此来对"精简"一词作出区分。

"轻精简是不含综合理解的简明，"特里林说，"深精简是蕴涵智慧的简洁。"

要想做到精简表达，就必须具备精深的专业知识。只有具备足够的专业知识，你才能准确地做出总结。

"你先要深入地了解，并会经历一阵迷惑期，"他说，"然后你才能通过更深刻、更清晰的视角，做到精简的表达。"

掌握了精简表达这门本领，就说明你已经体验过这种学习历程。

"由于你的深度作业而形成了独特的视角，"他说，"你需要给出内容的精华部分，而不是所有内容。如果你给出全部内容，你的听众就需要花同样多的精力去探索和作业。"

要掌握精简表达这门本领，就需要下工夫、花时间。你在内容的挖掘和分析上花费了时间，就相当于替听众省去了这些麻烦。

休息时间到此为止，开始努力吧。

第 2 章　小心太满当

长话短说。当今高速运转的世界里充斥着各种信息，导致你分神、受到干扰、缺乏耐心，这些都需要你在观众分神之前就说出重点。

精简表达就像瞬间的压力释放

一位经理人培训师曾经对我说："你很难看到商人在一天结束时说，'我还有多余的精力来处理其他的事。'"

你周围的人也在工作，他们都已经心力交瘁。如果你能简明扼要地表达，那就是在帮助他们，让他们的生活变得简单，他们也会因此铭记在心，并且感激你所做的这些。

压力的来源有哪些？如今，高管们承受的压力越来越大，其压力主要来自于以下方面（见图 2—1 ）。

1. 信息泛滥：应接不暇的文字、图像、声音和社会媒体。

2. 注意力缺失：在一件事上集中的注意力无法超过 10 秒钟。

3. **干扰**：一些能够分散时间和精力的问题。

4. **缺乏耐心**：对结果越来越无法容忍。

这是你的世界——也是我的。这个世界正在变得越来越糟。

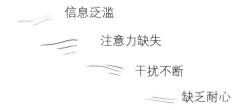

信息泛滥

注意力缺失

干扰不断

缺乏耐心

图 2—1　压力的来源

不要超量

当人在岸上处于安全状态时，能够保持清晰的思维；而当人溺水时，脑子里只能思考一件事：抓住救命的东西。当今最新的现实情况是：人们正被信息洪流所淹没。不管他们在哪里，总会有洪水般的信息向他们袭来。

如今，高管们早上一醒来就拿起手机查收短信、电子邮件、更新的消息、体育新闻、股市走向和各种新闻消息。在吃早餐时，他们阅读、转发 Twitter 和 Facebook 的帖子。在去公司上班的路上，他们打电话、收发邮件，同时还听着音乐"放松"。

到了工作地点后，等待他们的将是会议要求，还有更多的电子邮件、搞笑的 YouTube 视频、公司新闻、语音留言，然后又是公司邮报。然而，他们一天的工作还未真正开始。

这个时候，他们的注意力已经严重负荷。他们还会陆续收到更多的电子邮件、信息、会议邀请、即时提示，而这些使他们不得不在会议中查看手机。

也许你会看到他们时不时朝你点头致意，但这并不意味着你已经吸引了他们的注意力，他们这么做只是想表现友好而已。

你需要了解你的敌人从而一举击败他们。下面介绍的就是你在不断对抗的四种力量。

1. 信息泛滥——水势渐长

"这就像试着从着火的管子中取水喝一样。"

一位作家曾这样描述当今这个信息泛滥的世界。

一位经理人曾这样对我解释："每天我要参加两场会议，每场所需时间都在一个小时以上。其中一个团队需要 50 分钟才能说到正题。"她继续说："我都不知道自己是否有耐心听到那个时候。"

另一个团队则在会议的前 10 分钟切入主题，这样就能在剩下的 50 分钟里围绕之前得出的明确观点进行沟通。

"第一个团队没有说清观点和抓紧时间。第二组注意到了这些，并且很快就能进入正题。"

"也许他们说的东西都差不多，"她说，"但到最后，我们都喜欢第二个团队，不喜欢第一个团队。"

软件开发商 Atlassian 有报告称，专业人士平均每周会收到 304 封电子邮件。据凯鹏华盈基金（Kleiner Perkins Caufiled&Byer's）的《年度互联网动态报告》（*Internet Trands*）称，人们平均每天会查看 150 次手机。

[brief] **BITS**

你的听众正在溺水，而精简表达就是他们的救生索

《风格的要素》（*The Elements of Style*）
是一本教你如何写作的著作——全部内容不
超过 100 页。在这本书里，埃尔文·布鲁克
斯·怀特（E.B.White）这样描述威尔·斯托
克（Will Strunk）的观点："通读全书，人们
会发现作者对读者表示出深深的同情。斯托
克认为，在大部分时间里，读者都像是身处
困境、在泥淖里苦苦挣扎，作者有义务试着
写出排干湿地的方法，将泥淖里挣扎的人带到干燥的地方，或者至少给
他一根救生索。"

在《国际传播》（*International Journal of Communication*）期刊 2012
年发表的一篇文章里，加利福尼亚大学的罗格·鲍恩（Roger Bohn）
教授和詹姆斯·肖特（James Short）博士撰写的报告称："在 2008 年
一年里，美国人工作之余花费在处理信息上的时间共计 1.3 万亿小时，
平均每人每天花费 12 小时。"

304
职场人士一般每周会收到
304 封电子邮件

150
人们一般每天会查看 150 次
手机

28
职场人士一般每周会在电子
邮件上花费 28 个小时

同一篇文章还指出，美国人平均
每人每天阅读 100 500 个字，工作的人
每周用在编辑和回复邮件、搜索信息、
内部通讯上的时间是 28 小时。

而这种频率只会越来越快。2013
年 4 月，瑞迪卡迪公司（Radicati Group）
的报告称："这些电子邮件中大部分是
商务邮件，人们每天收发的商务邮件约

有 1 000 亿封。"因为电子邮件是人们进行商务沟通的主要渠道，"这种趋势预计还会上升。到 2017 年，人们收发的商务邮件将会超过 1 320 亿封"。

85%
CEO 一般会将 85% 的时间花在会议或公共活动上

如果你是一名 CEO，那么你的时间就更加紧张了。对 "CEO 都做些什么"的研究表明，"CEO 的大部分（85%）时间都同别人一起度过。他们开会占去 60% 的工作时间，而剩下 25% 的时间还用来打电话、开电话会议和处理公共事务"。

我们一直在与外界联接——不管是在车里、家里，还是在公司，所有的一切都是你的信息来源。所以，你对精简表达这门本领的掌握——即快速说清重点的能力——将是信息是否传达到的关键点，这关系到你的意见是被接受还是被拒绝。

2. 疏忽——肌肉萎缩

信息泛滥正在逐渐降低人们的专注力和分清轻重缓急的能力。当前主流的研究表明，在过去 5 年中，人们的平均注意力时长从 12 秒钟降低到了 8 秒钟。

据《大脑在工作》（*Your Brain at Work*）一书的作者大卫·洛克（David Rock）解释，如果大脑持续很长时间都在频繁受到干扰，那么人的智力将会下降。在书中，洛克写道："在一小时内转换注意力 10 次（一项研究表明，在办公室工作的人一小时会转换注意力 20 次），那人们就只剩下很少一部分有效思考时间。人所付出的精力越少，用来理解、决策、回忆、记忆和控制的空间相应就更少，这可能会导致人在重要的问题上做出错误的决策。"（见图 2—2）

> 职场人士工作繁忙，他们经常需要花大量时间在工作上，并时刻保持注意力。因此，他们无法再腾出时间和精力来处理其他事务了。

图 2—2　现代经理人的生活

各个级别的高管总对我说，他们在一天工作结束时已经精疲力尽，仿佛得了注意力缺失症（attention-deficit disorder，ADD）。他们的注意力时长是跳跃的，而且经常不能集中注意力。实际上，一些科学家认为，那些"始终繁忙"和不停接收信息的人会出现智商暂时性降低的情况——他们的智商最多可降低 10 个点。

另外，一个来自斯坦福大学的研究团队研究了那些频繁出错的人，发现这些人经常被多种媒介所围绕，他们比偶尔同时处理多件事的人更难以维持对媒介的注意力。"当他们所处的环境有多种来自外部世界或记忆的信息源时，他们就无法过滤掉跟当前目标无关的信息，"既是副教授又是研究作者的安东尼·瓦格纳（Anthony Wagner）说，"他们无法过滤信息，这意味着他们已经被无关的信息影响了。"

我们把注意力时长当作肌肉。如果我们整天都以各种方式使用它，它就会开始疲劳。人们早上的注意力会比晚上强。如果我们在所有信息上都花费同样多的注意力，我们就更难维持较长时间的注意力。

3. 干扰——频率惊人

研究人员的研究显示，普通的上班族每 8 分钟就会受到一次干扰，或者每小时受到 6~7 次干扰，这相当于他们在 8 小时的工作日里受到 50~60 次干扰。

我们也会受到自己带来的干扰。当你在做一件困难的事时，突然有某件更简单或更有趣的事出现，很自然地，我们就更想去做那件事。这几乎就是巴普洛大式的条件反射。

比如，我正在一间安静的屋子里处理一个很重要的项目，或者阅读、写作、进行更深刻的思考和分析。过了不久，我开始想："事情越来越难做了，也许看看手机会更轻松些。"于是，我停下了手中正在做的事。

或许我正在阅读一个同事发来的电子邮件，邮件有点长、写得拖沓模糊，让人很难读下去，更让人难以集中注意力。于是，我决定放下这封邮件去做点更简单的事，所以我查看其他信息，或者给别人发信息。

60

员工平均每天要被打扰 60 次——每隔 8 分钟一次

25

当你的工作被打扰后，你需要 25 分钟才能重新回到刚才的事上来

5880

每年由于正常工作被打扰而遭受的商业损失高达 5 880 亿美元

加利福尼亚大学信息学教授格洛莉娅·马克（Gloria Mark）发现，上班族一般在一件事上专注 11 分 4 秒钟后就开始受到干扰；他们或被自己干扰，将注意力转移到另外一件事上。马克说，一旦被干扰，他们平均需要 25 分钟才能把注意力集中到原先所做的事上。

实际上，根据巴塞克斯研究公司（Basex）的一项研究，上班族一般会在"不重要的干扰和分心"上浪费 2.1 小时。干扰会给商业活动造成巨大损失——一年可造成 5 880 亿美元的经济损失。

电子邮件是个很大的干扰来源。凯伦·雷诺（Karen Renaud）、朱迪思·拉姆齐（Judith Ramsay）和马里奥·黑尔（Mario Hair）在《人机交互国际期刊》（*International Journal of Human-Computer Interaction*）杂志上发表的研究称："使用电脑的办公室一族经常中断自己正在做的事，转而去查收和回复收到的电子邮件。对他们来说，每小时查看 30~40 次邮箱并不稀奇（但当问起他们查看电子邮箱的频率时，他们自己给出的数字会比研究结果低很多）。"

4. 缺乏耐心——薄冰更薄

今天的工作流程使人们期望加快事情的发展速度。比如，你在平板上阅读杂志时，一般只需弹一下手指就能翻页，非常简单。人们把大量信息都储存在一部薄薄的平板里，只需动一下手指就能浏览信息。

当我想读《华尔街日报》（*Wall Street Journal*）时，我要做的只是下载报纸而不用出门。几秒钟后报纸下载完毕，我一边躺在沙发上阅读刚下载的报纸，一边喝着克里格（Keurig）咖啡机煮的速溶咖啡。然而，如果下载页面的进度不够快，我就很容易变得焦躁。

我们不会花很多时间在任何一件事上。一个美国人浏览一页网页平均要花多长时间？答案是 56 秒。我们看一个 YouTube 视频平均要多久？在 2010 年，这个数据只有 3.95 秒。

技术的发展使人们产生了一个不成文的期待，那就是期望事情进展得越来越快。因此，如果你不能在人们期望的短时间内说清你想表达的重点，他们就可能失去耐心。

这使得我们对日常事务越来越缺乏耐心，比如会议——会议占用了高管很多时间。在《会议设计》（*Meeting by Design*）这本书里，作者迈克尔·克拉格（Michael Clargo）说："近 50% 的会议都没有高效利用人们的时间。如果对会议进行合理设计和运作的话，我们的开会次数以及会议时间都可以缩减一半。"

针对这个问题，谷歌公司给出的方法是将四足秒表投影到墙上来记录会议时间，这样会议就不会超时。时钟那醒目的尺寸提醒着与会者每分钟都很宝贵，当你看到分针跟你的胳膊一样长时，就不会让时间轻易从指间的缝隙溜走。

这些意味着什么？你将被屏蔽

别人已经够忙了，如果你还给他人带来更多的信息、干扰、时间消耗或难题，你所做的一切就是在鼓励他人不用理你。而且，如果你无法对此提高认识，你就是在训练他人将你永久地屏蔽。

在当今这个世界，单靠好的想法、题目或者预留时间就想获得他人长时间的关注，已经是不可能的事了。你必须将想要表达的内容加以提炼，让他人对其更易理解和吸收。你需要总结好重点，并且迅速地说出要点，否则，你所表达的内容很快就会被他人忽视或遗忘。

新的现实：没有时间去慢慢铺垫

这就是当今的现实：你在表达时，没有时间为最后的大总结慢慢铺垫。要做到有效的沟通，你必须像报道新闻头条那样说话，立刻就能吸引人们的注意力。

举个例子，一位企业传播部的高级副总裁正要进行一项重大的组织变革。一年之内，他的手下多了两个 CEO。他需要面对公司较为激进的董事会，还要处理非常重要的公共事务。

这位高级副总裁的工作性质发生了明显变化，他也因此需要作出相应调整。董事会——以及行业和社区领导——对他的审查更加频繁，也更容易失去耐心。

在和他的对话中，沟通策略很明显成了重中之重。比起以往的职业生涯，他在现在这个节点所拥有的时间更少，而且还要在短时间内向那些不愿在细节上花时间的公司高层说清情况。关键的利益相关者都需要他快速解答问题。

董事会成员非常忙碌，而且没有耐心。他们的注意力不仅要花在这位高级副总裁所在的公司上，还要花在自己经营的或咨询的其他公司上。这位高级副总裁说，这些人的知识面非常广，但其掌握的知识并不精深。

"当公司员工做展示时，董事会成员总会在会议期间查看自己的智能手机、找借口打电话或眼睛盯着手机，"这位高级副总裁抱怨说，"我意识到，做展示的员工需要一开始就吸引住听众的注意力，并且用更

简洁的方式跟他们互动，否则我们的公司会因此受到严重影响。"

他继续说："作为激进的投资人，这些董事会成员对慢慢铺垫不感兴趣。我们需要找到一种方法，来克服他们注意力不集中、容易受到干扰、缺乏耐心等情况，用一种快速且简练的方式与他们进行沟通。这是我们的新标准，也是我们面对的新的实际情况。"

"你打算怎么去适应呢？"我问他，"要做到这种精简表达的标准，需要具备以前那样充足的时间和专注力，但问题是现在不具备这些。"

"在我的新世界里，我不像以前那么有时间。我们需要快速说到重点，如果做不到这些，董事会那些人就会为我们做出决定。"他说。

[brief] BITS

成功人士要求人们做出精简的表达，不能容忍冗长拖沓

当同事或下属不能说到正题时，事务繁忙的人就很容易失去耐心。如果你每天都有成千上万封电子邮件需要处理、整天开会，你就根本没有时间浪费。

自我测试

你从哪里开始讲可以更有效地向听众传达信息？

你可以用下面这些问题评估对这一重要技巧的掌握程度。不妨花点时间想想，看看你和你的组织能把下列几件事做到什么程度。

简短的审查

1. 我能否在听完叙述了一个小时的复杂信息后，将它总结成 2 分钟的摘要？

2. 写电子邮件时，我能否用 5 行字或更少的内容来表达清楚要点？

3. 我的 PPT 展示是否少于 10 张，并且做到图多字少？

4. 我能否将复杂的理念转译成一个简单的故事、比喻或轶事？

5. 我能否像记者一样专业地表达出主题？

6. 我能否用标准的语言清晰且简洁地进行表达，而避免使用模糊的官方语言或行话？

7. 当我"失去"听众时，我是否能立即察觉出来？

在第 3 章里，我们将学习如何掌握以及在何时使用这些技巧。

新的专业标准

做好准备——这是个全新的世界。如果你已经习惯准备丰盛的大餐，那就端上准备好的关键主菜。这样，你和你的公司就会脱颖而出，获得人们的关注。你会因此被人们记住，你的想法也会因此给人留下深刻的印象，而其他人则会落后。现在，正是我们将这个缺乏注意力的社会彻底改变的时候，能做到精益沟通将是你的优势。

第 3 章　为什么很难掌握精简表达：七大恶习

长话短说。人们之所以难以掌握精简表达，是因为他们自身存在着"七大恶习"，这"七大恶习"都非常细微，让人难以觉察。

为什么这么难

为什么我们不能像装入工具那样，往"工具带"上直接添加"简洁""严守时间观念"和"保持字迹整齐"等描述呢？人们觉得难以做到精简表达的原因很多，而在逻辑上，喜欢倾吐似乎是其中最重要的一个因素。但实际上，不能做到精简表达与7种关键因素有关，而喜欢讲话只是其中一个因素。如果没有对这7种因素加以重视，其后果将不堪设想。

对你来说，下面哪条让你感到最纠结？让我们诚实点说吧——让你感到为难的可能不止一条。

1. **胆怯**："我觉得很难开口，有关这个问题的观点太多了。"请你坚定立场，告诉我们你自己的真实想法。

2. **自负**："我对资料了解得非常清楚，所以我可以说上好几天。"请节约我们的时间，不要那样做。

3. **麻木**："这只需要一分钟……"真的吗？你难道看不见我有多忙吗？当你不够重视他人时间时，通常实际情况则会持续一个小时。

4. **舒适**："我只要一开口，就会觉得很舒坦，完全停不下来。"能不能请你自觉地按下终止键？

5. **困惑**："不好意思，我把想到的都说出来了。"好吧，其实你的脑子里一团乱——你为什么想跟我们分享呢？

6. **复杂**："这件事真的很复杂，很难解释。"但是，请明白你的任务就是为我们把事情变得简单化。

7. **粗心**："我说那个了吗？"呃，是的，你说了，所以请你在下次说之前，记得把要说的信息过滤。

我们仅仅了解精简表达的重要性还不够。你需要深入了解，弄清做到这点为什么那么难。精简是一种习惯，你需要改掉以上几种坏习惯，培养精简表达的习惯。将自己的实际情况同下面介绍的每种恶习说明进行对照，而且诚实些：你究竟有哪些坏习惯？

恶习 1：胆怯

- **问题**：你将自己的真实意图隐藏在无意义的话中，而没有胆量把话说明白或表明某种立场。你担心他人会反驳你、跟你意见不一样，所以你将自己的真实想法隐藏在成堆的行话和流行词里，说出的话总是模棱两可。

- **说明**：你在一家全球制造公司上班，主要从事供应链物流方面的工作。这是一份很复杂的工作，工作流程中需要注意许多细微之处，

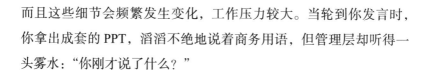

而且这些细节会频繁发生变化，工作压力较大。当轮到你发言时，你拿出成套的 PPT，滔滔不绝地说着商务用语，但管理层却听得一头雾水："你刚才说了什么？"

- **影响**：你的领导团队不知该如何对你进行评估和指导，并在潜意识里开始质疑你的领导能力。"你的建议或计划到底是什么？"他们很想知道。当某个比你敢说、说得更清楚的人出现，你就被淘汰了。

恶习 2：自负

- **问题**：你什么都知道，但让人沮丧的是，你总是无法遏制想说明所有细节的冲动。用"学究"这个词来形容你再合适不过了，你甚至觉得，自己都可以开班授课演讲擅长的话题了。

- **说明**：你是互联网安全方面的专家，你经常出书、发表论文、写博客，还频繁受邀做演讲嘉宾。人们希望你叙述的内容是有趣的，但实际上，你叙述的内容又长又乏味，而且艰涩难懂。不仅你说的话很枯燥，人们读你的电子邮件就像读论文一样。

- **影响**：你一旦开口就没办法停下来，所以没人愿意跟你说话。你是个聪明人，但却看不见自己的缺点。人们只要收到你的邮件要么直接无视，要么立马删掉。对你的职业生涯而言，即使你具备专业知识，但你这种滔滔不绝会妨碍你的职业发展。

恶习 3：麻木

- **问题**：你自私，不尊重他人的时间。当别人跟你说话时，你会很赶时间；但轮到你说话时，你自己却又忘了时间概念。每当你问别人："有一分钟时间吗？"，其实你是在说"我会尽可能多地占用你的时间"。

- **说明**：维克多（Victor）正在赶工，你走到他桌旁，要向他请教一个重要的问题。你看了他一眼，并打断他的工作。他停下手头的工作，你开始问他问题。你说的每个字都在拖延他的时间，但你自己却丝毫没有觉察到这点。他想："你除了自己，丝毫不在乎其他人。"他心里暗暗为此感到生气。

- **影响**：如果人们觉得你不尊重他们的时间，他们也就不会尊重你。在给你做评估时，你的同事就不会给你打高分。

[brief] BITS

当你开始沉浸在自己说的话里时，是时候停下来了

据媒体专家丹·布罗登（Dan Broden）说，当你已经给出了一个清楚的答案，但还想继续讨论时，这会是面试中停止说话的最好时机。要有停止说话的控制力，让对方听懂你说的内容，并且主动邀请你继续说。让我们把这个技巧叫做许可暂停吧。

恶习 4：舒适

- **问题**：你在熟人面前会变得松懈、话多。过分熟悉会使人怠慢，让人的表达不够精简。你有一套双重标准：在对待重要人物时，你能做到精简地表达；但对待熟人，你的话就比较多。

- **说明**：在一个周五的下午，你碰到了刚开完会回来的老板，他随口问了你的周末计划，而你恰好有一大堆计划。你滔滔不绝地说了一刻钟，而在你说到六七分钟时，你的老板就已经开始纳闷："也许我

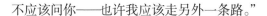

不应该问你——也许我应该走另外一条路。"

- **影响**：有一些可以闲聊的时间和场合。你需要记住，让你感到兴奋的事可能会让其他人感到痛苦。你需要以同样的方式对待他人，他们也很忙，请一定精简地说话。

恶习 5：困惑

- **问题**：当脑中想的事还不够清楚确切时，你就选择把它说出来，这绝对是个严重的错误。当你还在酝酿想法时，此时你的想法还是混乱的、模糊不清的。只要你没有在公共场合把未成熟的想法说出来，就不要紧。

- **说明**：你是一家工程事务所的资深总监，总喜欢头脑风暴产生新想法。这些想法并不一定都是正确的，但你享受产生想法的过程。当你描述的可能是下一个发生的重大突破事件时，你就无法抑制住自己的热情，而坐在你身边的人也只好沉默地听你漫无目的地讲述脑子里的想法。

- **影响**：即使你的想法还在酝酿之中，并不完整，但人们仍然会根据你说的内容对你和你的能力做出评价。当你想要说出脑子里的想法时，你必须非常谨慎地选择在什么时间、什么地点，对谁说。

恶习 6：复杂

- **问题**：你固执地认为有些事情太复杂，并且无法将其简单化——即使在当今世界，那些能使复杂问题简单化的人很受欢迎。

- **说明**：你的客户打电话询问发货延迟的原因，你很清楚影响发货的全部原因，因此说了很多来解释。结果，这个客户不仅为发货延迟不开心，还开始担心商品可能存在质量问题，因为你连商品的制造过程都解释得如此复杂。

- **影响：** 当人们想要一个简单的答案时，你就需要给出一个简单的答案。如果他们得不到想要的答案，就会对你失去耐心和信任。

恶习 7：粗心

- **问题：** 你在口语表达方面非常敷衍，并且经常头脑混乱，表达出的信息也很凌乱。听众总是不得不猜测你想表达的意思，对你感到很无奈。

- **说明：** 你刚刚同一位重要的客户见过面，你想跟你的上司汇报一下新合同的进展情况，所以即使很晚还是给你的上司打了电话。你没想到电话接通后会是语音留言，但还是决定给他留条信息。你叙述的内容非常空洞，你也清楚自己说的内容不够好，想等到第二天再把事情说清楚，甚至还给上司发了一封电子邮件（邮件的内容也好不了多少）。当天晚上，你的上司查收了你的语音留言和电子邮件，这导致他对你失去了信心，他不相信你能跟客户进行很好的沟通。

- **影响：** 你在心智和口头上的懈怠会给听众发出一条明显的信息：你可能没有做好进行下一个任务的准备——或者，你并不适合这份工作。

　　当你同专业人士打交道时，你需要以更高的标准来要求自己：自己是否已经将问题说清楚了？

　　不要期望别人忍受你的"七大恶习"，你有责任自己去改正。将以上列表作为参考，看看自己需要在哪些方面做出努力才能确切掌握简洁表达这门本领，最终成为一个能够精简表达的沟通者。在以上提到的几个方面，你都有迅速做出转变和提高的机会，这将会有助于你在许多不同专业领域都能做得很好。

第 4 章　精简的变革

长话短说。遵守规则，尊重他人，做好准备，你的客户也会因此感激你。

一个成功的故事

并非所有的管理者都在简洁表达方面做得不好。

我曾经同一位名叫埃德娜的主管一起共事，她曾跟我分享过自己在咨询公司工作的一段经历。她是一位高级主管，工作节奏很快，每天都要处理大量信息——查看电子邮件、回复电话、回答同事提出的各种问题。她有高超的处理事务的能力，能快速做出决策，自己也因此很受欢迎。

但是，同很多人一样，埃德娜也很容易分心，并因此出现疏漏。她性子比较急躁，总想尽早把事情处理好。要想获得她的认可，你需要跟上她的想象力，将话说到点子上。她是当今职场主管中的典型代表。

[brief] BASICS

修剪：1~3 层的细节

剔除不必要的细节。

我曾用一个练习来测试工作坊参与者们删除多余信息的能力，即让他们回忆一个能确切体现其专业性的时刻。我给他们每人 10~15 分钟时间，让他们准备一个 3 分钟的展示（第 1 层细节）。在决定了自己想要分享的内容后，很多人看起来都很兴奋。

然后，我让他们向一个搭档做展示（第 2 层细节），这个搭档不仅要倾听、做笔记，还要向其他人做 1 分钟的内容分享（第 3 层细节）。

当我们讲故事时，第 1 层细节对故事来说至关重要；第 2 层细节给故事增添了一些趣味，但不会耗费太多时间；第 3 层细节使整个故事情节变得繁冗拖沓，并没有使故事听起来更好。

这个练习使参与者们不得不对自己要做的展示进行**修剪**。做 1 分钟的内容展示，意味着只能保留第 1 层细节及第 2 层少量细节。

这一案例给我们的启示如下。

- ▶ **确保即时感激**。当人们只需更少的时间和精力就能获得基本信息时，他们会感激你。
- ▶ **找出负重点**。删除细微细节，需要弄清哪些不必要的内容加重了负重。
- ▶ **践行"少即是多"**。当你想要扔掉一些东西时，可能很难决定要扔哪些，因此要时刻记住人们真正在意的东西。

"我参加过的会议基本上都差不多。我们坐下后，紧接着就是介绍，然后是 PPT 演示。之后，我就开始不断收到信息、受到各种干扰，参加会议的其他人也会在会议期间查看自己的手机。我会查看我的电子邮箱，人们也在不断地进进出出。"她这样说道。

"然而，公司的咨询公司团队却能根据新情况做出调整，这使我感到惊喜。他们做的第一件事就是给我的公司做了一个非常清晰有力的执行总结——直接抛出了他们的研究成果，没有做任何'铺垫'。"

"一开始，他们就告诉了我们主题，'这是我们的发现，是我们认为你们应该做的。'"埃德娜解释说，"这一切都应该在会议前 5~10 分钟内说完。虽然我给了他们一个小时时间，但他们认为，应该在会议的前几分钟内就给出全部的重要总结和意见。他们也确实做到在会议一开始就抛出了主要内容。"她说。

他们最初就给出了展示的精华部分，当有人敲门时，他们确信埃德娜不会因干扰而感到迷惑。"当人们在我门外徘徊前，我就已经清楚地知道会议的发展方向，"她说，"我感觉自己已经得到了想要的信息。"

这种精简感在埃德娜以后参会的会议中还在继续沿用。"他们演示的 PPT 只有十几页，页数少了很多。他们不再对着 PPT 讲述，而是对着我讲述，"埃德娜解释说，"参加会议的每个人展示的内容都有醒目的标题，给人以强烈的视觉效果。"

"会议室里的气氛怎样？"我问。

"每个人都会参与谈话沟通。我感觉顾问们是在和我说话，而不是只对我做展示。他们不再滔滔不绝，而会让我一起参与，我非常喜欢这样。我感觉他们想让大家一起参与讨论，以便倾听更多的声音。"

（见图 4—1）

图4—1 讨厌被分心

"你受到干扰了吗？"

"会受到一定干扰，但当干扰发生时，我甚至都没有去顾及，因为我正在兴致勃勃地参与讨论，完全忘了门外还有人在找我。"

这些顾问还使用了很多增强视觉效果的东西，其中包括用一段短视频来说明案例研究。埃德娜说："我们一共大概说了45分钟，他们很早就说出了要点，会议提前结束了。"

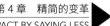

这是他们一贯的工作方式。"他们就是这样工作的,"埃德娜解释说,"每次见面,他们都做好了准备,就执行总结意见与我进行沟通,而不是对着我做一个多小时的 PPT 展示。我喜欢跟他们说话。"

除了顾问团队采取的沟通方法外,埃德娜还谈到了他们在其他方面跟公司的互动:他们的来电总是很简短;他们每次都做好了准备;他们期待并且邀请她提问,还给她时间去想问题;他们发来的电子邮件内容总是很紧凑。

"实际上,我挺期待跟他们会面的。跟他们会面会是我一天中的亮点,因为他们知道如何吸引我的注意,"埃德娜说,"他们团队中的每个人都是这样,与他们接触就像在呼吸新鲜空气。"

[brief] BITS

对话优于展示

《一分钟经理人》(*The one minute manager*)的作者肯·布兰佳(Kenneth Blanchard)说:"最近我看了一个人做的励志演讲。他想分享 7 个成功秘诀,而他花了 45 分钟才讲了前四个,导致所有观众都坐立不安,他们好像在说'天啊!还有三个秘诀没讲?'"所以,你要做的是与观众一起讨论,而不是对着他们侃侃而谈,要给他们互动和参与的机会。

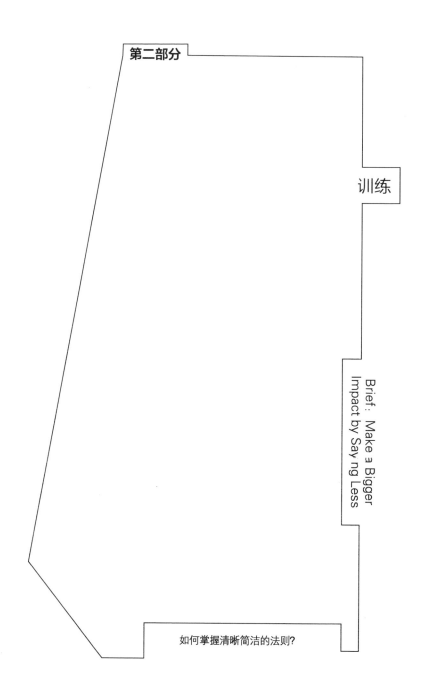

第二部分

训练

Brief: Make a Bigger
Impact by Say ng Less

如何掌握清晰简洁的法则?

第 5 章　精简表达四要素

长话短说。仅仅知道有必要少说的原因还不够，你还需要学会四种技巧，以便增加记忆肌肉的力量。

练习简短

要讲清像"精简表达"这样的话题很难。我在早期写这个话题时，朋友和家人问我："写得怎么样了？"这个问题本是无心的，但我却很难简单地将其说清。所以，我想用一个比喻来说明它。

"这就相当于砍一棵像红杉这样的大树。你可以用斧头砍，但只用斧头砍是不够的，"我这样解释，"你还需要思考如何砍树。"

同样，仅仅谈写《精简》这本书的重要性是不够的，还需要介绍掌握要领的方法——介绍细节，具体说明如何做出改变。这些年来，我在此问题上帮助了许多人，他们来自不同的职业，包括事务繁忙的主管、部队军官、销售总监，以及许多其他在此问题上纠结良久的人。

在本书的第二部分，我将教大家如何掌握这门技巧。

以下四种方法是掌握该技巧的基础。你既可以单独使用其中一种，也可以将其中几种结合起来练习，建立自己的心智肌肉记忆，也就是养成习惯，从而成为更好的专业人士。

四种方法的具体内容如下。

- **图示法**。采用"精简导图"的方法，可以压缩内容，删除冗杂信息。

- **叙事法**。采用叙事的方法，可以将事情解释得更加清晰、精简、具有说服力。

- **谈话法**。采用谈话的方法，可以将独白变成可控的对话。

- **展示法**。采用展示的方法，可以让视觉效果更加吸引人注意，并激发其想象力。

使用以上四种方法都能帮助你管理自己的听众，即使他们事务繁多，也会将注意力集中在你所说的事上（见图 5—1）。

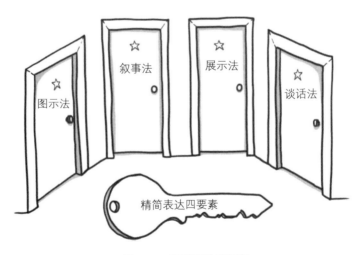

图 5—1　精简表达四要素

第6章　图示法：从思维导图到精简导图

长话短说。许多专业人士都错误地去掉了标题。然而，"精简导图"却是看得见的标题工具，可以帮你做好进行精简表达的准备。

你的高中语文老师是对的

从大纲出发是一个很好的主意。我有一个大家庭，我在很多时候都需要帮孩子们改论文。尽管有时做这件事挺痛苦，但我鼓励他们把我当作参谋。在改论文前，我有一个原则，即总会找他们要一份大纲。

"孩子们，我是一个靠写字赚钱的人，"我这样告诉他们，"我可以帮你们改论文，但你们得先给我看看大纲。"

我的女儿伊莎贝尔正在为一篇关于自由言论的高中学期论文而纠结，这篇论文非常难写，但却非常重要。她已经写了几个月了，并且需要写8页纸那么长。

"爸爸，我做了那么多研究，但还是不知道该如何着手写。"伊莎贝尔抱怨说，论文截止日期已经一天天逼近了。

"别着急，告诉我你的大纲。"我说，并且知道她的老师也希望有份大纲。

"噢，我已经写好了一份。"

"挺好，我想看看。"我回答。但我没有看到大纲，她反而以迅雷不及掩耳之势把草稿放到我面前。

"只看前几页就行了，我想知道自己写的有没有跑题。"伊莎贝尔说。我看了起来，开始进行修改。我没有意识到，自己已经用红笔把她的论文划成了几部分。女儿看到这些，开始反感起来。这对我们两人来说都算不上是一次快乐的经历。

如果伊莎贝尔早就写好了大纲，我就能看清论文的结构，我们之间的关系也不会变得这样紧张。大纲有助于我们梳理思维、分清主次，使表达变得更加清楚和有逻辑，还能避免无意义的废话。

然而，很多专业人士似乎都认为自己用不着写大纲。在学校，写大纲这个要求很常见，但随着年龄的增长，人们也就慢慢不写大纲了。当人们为重要的沟通会做准备时——不管是召开大型推介会、参加会议、做进程汇报，还是回复电子邮件，你都看不到大纲——这种情况虽然令人吃惊，但却是真实存在的。

这是个很严重的错误，尤其我们同时还有大量信息需要处理、提取和发布。

让我们暂时回到伊莎贝尔写论文那件事。假设她班里的大部分同学都像她这么做：不认真写大纲或根本就不写大纲。那么请想想，她的老师要全部看完这些连贯性差的论文该有多么痛苦。

我迅速做了计算：约有 100 名学生要交这样的论文。也就是说，老师大约有 800 页需要批改。如果改一页需要 5 分钟，那么她的老师就需要 60 多个小时才能改完这些作业。

照这么说，伊莎贝尔的老师在整个春季假期都在改这些论文。天哪——很明显，她不可能休息。

现在，请想象一下，如果上面那位可怜的老师是你的同事，情况会怎样呢？

请回想一下，你在没有写大纲的前提下进行过的对话、会议以及回复的电子邮件，这些欠缺准备和组织的沟通一共占用了多少时间？想象一下，别人因你在下列情况（见表 6—1）中持有的态度而产生了多少迷惑和痛苦。

表 6—1　　　　　　　　　　借口—影响比率

借口	影响
我很着急；那不过是个会议而已	不保证会得到支持
我是碰巧参加的会议	不清楚方向
我只不过想赶紧写完邮件	得不到回复；邮件被删除了
我在开会，用下 PPT 而已	对会议资料了解得不清楚
我有个会议要参加；我想看看参会的人是谁	没有留下深刻印象
我正在做销售推介会	没有建议的要求
我正在打一个跟进电话	没有机会得到新的项目
我将参加一个面试	得不到工作机会

没有大纲，何谈销售

让我们看看一场销售推介会是怎样在没有大纲的情况下毁掉的。

兰登是一位高级销售代表，他在准备展示或跟进重要客户时从不用大纲。他会做准备，但仅仅是在脑子里想——从不会动笔写。他为自己找了一个又一个借口（如他没有充足的时间、之前已经做过无数次展示等），而从不会提前计划，于是带来了不断的麻烦。

当兰登发言时，他的叙述总是没有条理。他每次做的 PPT 演示都不止一个小时；他发的每封跟进邮件都有好几段；他给老板做的每个客户计划都至少有 20 页，还掺杂着许多不必要的信息；甚至连他的社交媒体状态更新都包含"早餐吃什么"这样无意义的内容。最糟糕的是，他的销售推荐不仅太过冗长，而且到处都包含不连贯的想法和多余的细节。

如果兰登有写大纲的习惯，他的同事和客户就会对他多加关注。

每天和你打交道的人都在接收解释过多的、欠缺准备的和复杂冗余的沟通信息。他们遭受的是同兰登的潜在客户一样的痛苦，后者或许在心里默默想着："他到底想说什么呢？"他们想知道自己为什么听不懂兰登在说什么，而兰登最终也会因为销售业绩不佳而收场。客户没有听懂，导致对他的表现给出的评价也不高。

这些事也会发生在你身上。但是，如果一开始就用大纲勾勒出你的想法，你就能避免这些问题。

下面列出的是写大纲的 5 个好处，而且这些好处立竿见影（见图 6—1）。

- **有准备**：我已经做好表达想法的准备。

- **有条理**：我清楚自己所有的观点是如何相互关联的。

- **清晰**：我清楚地知道自己的观点是什么。

- **有关联**：我可以画一幅更大的蓝图来突出自己的观点。

- **有自信**：我完全知道自己该说什么。

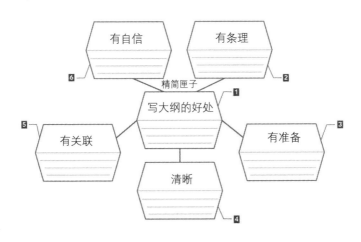

图 6—1　写大纲的好处

写大纲所花费的精力是值得的，这可能要花点心思，但这点痛苦与你因此可以避免困惑和节省时间耗费相比，算是很小的牺牲。

思维导图和现代大纲

尽管越来越多的人不喜欢用传统的大纲，但思维导图——或视觉大纲——正迅速风靡今天的商务世界。

思维导图如此受欢迎的原因很明显：随处可见对软件和白板的使用，人们对可视化展示有着强烈的偏好，仅仅是线性学习越来越难以满足人们的需要。这些原因使思维导图迅速被大家采用。

福音传教士查克·弗雷（Chuck Frey）是思维导图艺术方面的专家，他曾这样讨论可视化大纲的价值：

使用思维导图软件筛选信息非常合适，因为它能让你区分出主要话题和次要话题，将注释、链接和文件分别附加到相关话题上，产生意义和语境，分析假设情况，收集、整理、评估以及着手处理大量信息、知识和观点。没有其他软件能够像思维导图软件这样具备提供操控信息和观点的能力，以及具有灵活性。

像在弗雷这样的传教士之间，可以通过口头广泛传播思维导图。他解释，像波音这样的公司都在积极使用思维导图软件，是因为"使用该软件能勾勒出一幅愿景，让你能充分思考自己的想法"。

思维导图正越来越多地被用作一般性的工作用具，波音公司甚至成立了内部论坛来推广和支持它。

Mindjet 公司是当前最新分类方法的领航者，有超过 80% 的世界 100 强公司都是其用户。像思维导图之类的思维导图软件供应商正在为用户提供一种更加简单有力的工具，帮助他们处理信息过量和混乱的问题。

[brief] BITS

需要花时间才能做好少说的准备

大部分人都太忙——或者太懒——以至于没有时间为简洁表达做准备。布莱兹·帕斯卡（Blaise Pascal）说："我只能把信写长，因为我没有把信写短的时间。"如果你不付出时间和努力，你只会更加迷惑。贺瑞斯警告说："当我试着做到简洁表达时，我就已经开始混乱了。"

思维导图之类的软件——或者 Bubbl.us 这类的免费软件之所以如此受欢迎，其原因就是它们具有高度的可视化和逻辑性，让人不自觉地想要使用它、分享它。

精简导图：实用的精简表达工具

越来越多的公司支持思维导图，这让我想要看清思维导图到底是什么，所以我建了一个特殊的思维导图——精简导图（BRIEF Map），它通过将复杂信息简化成一页视觉大纲来提高沟通效果。

使用精简导图能够解释和归纳重要的信息，它们非常有用，对主管团队来说也很具有实用性。精简导图能以大纲形式体现进度报告、进行会议总结以及形成综合策略，还可以用其表达公司的意见、突出新产品的关键信息或简化复杂的提议和问题，减少理解所需要的时间。

使用导图法既能保证展示不跑题，还能使表达清楚、连贯。

"精简"这个词的英文"BRIEF"中的每个字母都一一对应图示中气泡框里叙述的功能。导图中间的气泡框代表沟通的重点或者大纲，它被称做"精简匣子"（Brief Box）。在建立精简导图之前，我建议使用一张工作图（见图 6—2）记上你要说的所有内容，并决定好内容的先后顺序和逻辑。在做好这些工作后，你就可以画出导图了。

每张精简导图都可以按下列方式进行分析：

B：背景（background）或开始（beginning）；

R：原因（reason）或相关性（relevance）；

I：包含的信息（information）；

E：结果（ending）或总结（conclusion）；

F：跟进（follow-up），来自别人或者自己的问题。

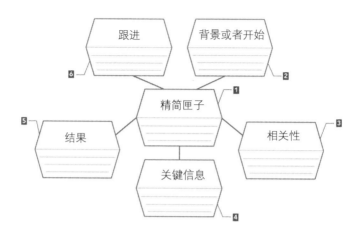

图6—2　精简导图示例图

如何使用精简导图

考虑下面的场景：鲍勃正忙于一个项目，该项目要求替换掉一些关键技术，更新公司的 IT 设施，从而保证公司的快速发展，为此他需要定期向 CEO 汇报项目进程。公司总裁很清楚这个项目策略的重要性，在项目进行到一半时，他要求鲍勃做一份最新汇报。

错误策略：鲍勃愿意分享却不做准备

这个项目有很多方面让人不满意，它本身存在目标不明确、成本超支、拖延等问题。除了这些问题，该项目对鲍勃来说，是一个很好证明自己才干从而获得晋升的机会。因此，对鲍勃和公司来说，项目的完成情况至关重要。鲍勃很清楚项目的重要性，也想给公司总裁留下积极的印象，因此他决定去总裁办公室做一个简短的最新情况汇报。

鲍勃的汇报开头很好，他给出了一些关键亮点。然而接下来，他就开始跑题，没能说清自己是如何解决紧急事务的。报告中有太多微不足道的细节，CEO 被这些细节弄晕了，当他更加深入地对其进行讨论时，鲍勃变得慌张和有所抵触。这次谈话用了很久时间才结束，而且没有讨论出结果。公司 CEO 开始质疑这个项目成功的可能性——他和鲍勃的信心都在降低。

正确策略：鲍勃准备了精简导图，并获得领导认可

在报告会开始之前，鲍勃就意识到总裁很忙，不能耽误他太多时间，因此他画了一个精简导图，确保汇报内容紧凑切题（见图 6—3）。

第一步：精简匣子

鲍勃想了一个很醒目的标题——项目正按期进行—— 即精简匣子中所写的内容。

第二步：B，背景（background）或开始（beginning）

鲍勃想："在给出标题后，我该怎么开始这个最新汇报呢？我的开头或背景陈述该说些什么呢？嗯，上次我跟 CEO 谈话时，他问了我一系列问题，还希望我调查几个问题。我们上次谈了这些，而且他还记着这些问题，我应该继续从这里开始。因此，我将在前几分钟里用这个进行热身，并向他解释选择今天来汇报的原因。"因此，鲍勃报告开头的第一句话就是："您上次提到的那个问题，已经有了最新的答案。"

第三步：R，原因（reason）/ 相关性（relevance）

鲍勃想："我这次跟他谈话的原因是什么呢？这次谈话有哪些重要性和相关性？"鲍勃清楚地找出这次最新汇报与上次汇报间的关系，并在一开始就给出了标题，同时解释自己需要更多的必需条件来确保项目的正常进行。

第四步：I，关键信息（information）

鲍勃想："这次最新汇报的核心部分包含哪些内容？"他想好了要分享的三个关键因素，精心挑选了要展示的细节和重点展示的地方。

这个项目在哪些地方有所进展？

这个项目是否能按期进行？

这个项目还需要什么必需条件？

列出以上三点后，他对照着做好准备，并列好叙述的先后顺序。因此，在听汇报时，CEO 很容易就能在脑中做出切换，从而跟上汇报的节奏。

第五步：E，预期结果（ending）

这应该是鲍勃预期中的时刻：当汇报接近尾声时，他很自信地做着总结。鲍勃列出了几件后续要做的事，并在总结时说："明天我将会给您一份价格总结和新的时间表。"

第六步：F，可预料到的问题（follow-up）

最后，鲍勃停下来认真思考 CEO 可能问到的所有问题，这些问题让他有了更多的想法，从而将精简导图做得更加清晰和紧凑。他想："如果我在汇报中告诉他，我们正在更新技术、项目正按期进行，希望他能给我一些反馈并问我一些问题，我才能知道自己汇报得怎么样、有没有说清楚。"

他正确预料到自己的上司可能会问到的几个问题：项目是否会造成工厂停工或费用超出预算？项目是否存在看不见的风险？可以肯定的是，当鲍勃提到这些时，公司 CEO 认为鲍勃能明白自己的想法。

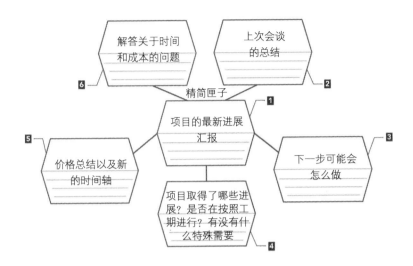

图 6—3 鲍勃所做的精简导图

结果：一次成功的汇报

由于鲍勃在他的精简导图中将这些都准备好了，他因此能汇报得非常清楚、连贯，并且胸有成竹，CEO 也很容易就能跟上他的节奏。鲍勃胸有成竹地走进总裁办公室，并在 5 分钟内完成了最新汇报。CEO 非常满意，给予了鲍勃所需的支持和认可。所有这一切能够顺利完成，是因为鲍勃把额外时间都用来准备做一场精简的陈述（见图 6—4）。

正如一位主管的名言："精简的叙述，圆满的完成。"

> 一天的时间慢慢过去，他们的注意力变得疲惫不堪和涣散，这都是因为工作造成的。

图 6—4　思维漫游

精简导图：回报

　　能否做到精简的表达，与你能否提前做好准备有关。当你已做好充分准备，并且对听众想听的关键信息了然于胸，你就会非常自信，所传达的也是已经组织、建构好的信息。

　　想象一下，在圣诞前夕，你给你的孩子买了一辆自行车，但你却意识到"哦，不！我还要自己组装它"。这时，你却发现包装盒上印有"不需要自行组装"的信息，现在请想象一下自己当时的轻松感。

精简表达的导图能给人带来同样的效果：你向听众传达了"不需要自行组装"的信息，听众也感觉到了那种轻松感，就像你看见包装盒上印有"不需要自行组装"的信息一样——两者都会带来相同的效果。

你不需要自己组装自行车部件，它已经可以骑了。

[brief] **BITS**

跟着导图

耐克公司的广告中鼓励运动员"跟着感觉走"。而你需要做出努力的就是跟着导图叙述——用较快的语速和清晰的逻辑来叙述。这就像锻炼一样，你所用的语速越快越好、力度越大越好。

第 7 章　叙事法：叙事的作用

长话短说。人们被淹没在公司化的表达方式中，如果你的叙事方式清晰、简洁、具有说服力，你就是在拯救他们。

我受够了无意义的、凌乱的公司行话，我想要的是一个好故事

"每隔一段时间就会出现一个革命性的产品，从而改变一切。"2007年发布第一代苹果手机时，史蒂夫·乔布斯就在《苹果世界》（*Mac-World*）中以这句话作为自己的演讲开头。

你可以在 YouTube 上观看这个传奇式的演讲，这个演讲是一个很好的例子，展示了如何使用叙事的方法来表达重要的信息。乔布斯本人可能还没有意识到，但他的确使用了策略性的叙事方法而使演讲变得紧凑。

首先，他陈述了自己当天站在舞台上的目的："今天，苹果将重新定义手机的概念。"

然后，乔布斯谈到了苹果公司如何用一代代突破性的产品来满足人们的基本需要——从 Macintosh 到 iPod，再到 iTunes。

所有的成功故事中都存在着恶势力或冲突。在乔布斯的故事中，这种恶势力指的是苹果公司的竞争者，乔布斯解释说，这些竞争者没有履行自己应有的职责。他们生产的手机不好用，并没有很好地满足人们的需要。

"最先进的手机才叫智能手机，有人说它相当于互联网，其实它属于小型的互联网，"乔布斯这样嘲笑他的竞争对手们，"他们的手机并没有这么智能，用起来也没有那样简单。"

乔布斯说，苹果公司需要更加努力，制造出一种突破性的手机设备。它不仅智能好用，还能解决用户在使用其他手机设备时遇到的许多问题。人们需要的是一台用户友好型的设备，能用它浏览网络、打电话、听音乐。他这样解释苹果公司的意图："我们想做的是突破性的产品，它比以往任何手机设备都要更智能，而且超级好用。"

他强调了演讲的核心部分，解释了苹果公司如何将自己的大胆承诺变为了现实，并且对用户界面和手机软件进行了改进："谁还想用手写笔？你需要把它们及时收起来，不然就会弄丢。没人想用手写笔，（苹果手机）比任何触屏设备都要精准。它能忽略无意识的碰触滑动，超级智能。你甚至可以同时用几个手指在上面画符号。"

演讲结束后，观众在完全理解了苹果手机之所以会成为最具革命性的和最受欢迎的手机的原因之后，爆发出了热烈的掌声。

乔布斯没有向他的听众们滔滔不绝介绍手机的各种特性，相反，他讲了一个大家都爱听的动人故事。这是一个很好的例子，说明如果采用叙事的方式，产品发布会的内容可能会完全不一样。这样的故事不仅能很快吸引听众的注意力、引起共鸣，而且这种注意力和共鸣还能保持较长时间。

[brief] **BASICS**

叙述 VS. 推销：叙事完胜说服

与其只向听众推销观点，不如给他们讲述一个研究充分、有着合理结构的故事更有效果。

当我还是凯旋公关策划集团（Ketchum）高级副总裁的时候，我参加过很多展示会，希望以此来吸引 Visa 信用卡、IBM、柯达公司等新客户。在我离职前，我的一个新客户请我帮他们推荐一家公关代理公司。我对此非常感兴趣，很想通过客户的视角来观看整个过程。

我们坐下来听了 6 个商务展示，每个展示都持续了一个多小时。这些展示留给我的印象是：除了一家叫爱德曼（Edelman）的公关公司，其余公司所展示的内容听起来基本都差不多。这家公司的团队在兰迪·皮泽（Randy Pitzer）的带领下脱颖而出，原因是他们事先做了功课，并且用完整的细节向客户叙述了市场是如何变化的。他们沉浸在叙述之中，同客户展开对话，并以客户为中心，这让他们取得了成功。他们的展示表达得清晰、积极，很讲究策略。

展示会结束时，公司交流会的负责人让评分者们给参与的每家经纪公司打分。第二天，他让我给出两个决赛名额，而我只写了一个："爱德曼公关。每家公司都在向你推销，但爱德曼公关却在向你讲述自己能成为行业领导者的方法和理由。"

叙事方式的给人带来的启示和其优点如下。

▶ **留下一个积极的印象。** 叙事的方式让人感觉更像是对话，而推销的方式却只是在演示。

▶ **提高听众的参与性。** 当听到一个好故事时，人们很想参与其中。

▶ **获得尊重，更加专业。** 人们希望自己受到合理的对待，而不是被操控。

何时出现不连贯？缺少叙事的时候

如果人们访问一家公司的网站，而直到浏览完毕离开网站时，他们都不知道公司主营什么，就会感到很失望。这种事太常见了——而且，这种情况不仅仅只出现在线上交易，还经常出现在会面、展示以及会议中。这些商务人士的确一直在讲话，但却像什么也没有说。

我的堂弟迈克在纽约一家公司做企业顾问，他曾受一名招聘专员邀请，参加另外一家专业服务公司的一个管理层面职位的面试。他首先搜索了该公司的网站，希望通过浏览官方网站为面试做些准备。但他看得有些混乱，在不知所措的情况下，他只好给我打电话，让我帮忙分析这家公司到底是做什么的。

"我好像找不到要点，也许只有我一个人找不到，"他在电话上向我诉苦，担心自己的能力达不到公司的职位要求，"你在这方面很专业，我觉得你可以花点时间看看他们的网站，帮我找找看。"

"研究法务信息其实并不是我的专长。"我想着，很好奇自己该如何帮他。当我们打电话的时候，我花了几分钟查看了那个公司的网站，试图找出一点头绪。但我看到的只是一长串商务用语清单，网站并没有描述出什么具体内容。实际上，这家公司网站上的描述，让它看起来做的是与其他信息咨询公司同样的事。

"迈克，我觉得这家公司很谨慎、中规中矩，它的网站只给出了一些细目清单，"我建议，"以我的经验，它们说自己什么都做，其实相当于什么都没说。你只能给公司的 CEO 打个电话，问一些开放式的问题。"

"比如呢？"

"让他列举几家公司的优秀客户，问问他公司的目标客户是谁，以及其他公司为什么选择该公司的服务。让他多说些，你就能知道他们公司到底做的是什么，以及自己是否适合这个职位了。”

“我真的很想在面试之前准备得更充分些。”他不情愿地说。

“我知道，但他们会给你一些公司惯用的障眼法。除非你让他们与你分享一些公司的成功故事，否则你没法知道他们究竟是做什么的。”

“听起来有道理，我会把自己听到的内容告诉你的。”

不幸的是，并不是只有我堂弟才碰到过这类障碍。许多公司总是在制造这样的障碍——它们好像什么都说了，又好像什么都没说，这让人们很抓狂。

我堂弟所遭受的挫折与一家芝加哥时装咨询公司所表现出的清晰形成了鲜明的对比。该公司的公司组织介绍和网站“关于我们”的部分介绍得非常清楚。后者选用了一个故事，讲述了一家客户想让雇员支持公司变革但最终失败的案例。

当我访问这家公司网站时，让我震撼的是，这个故事的叙事大纲非常简单明了。

“有少数几个主管显然很想变革，但他们同有能力发生变革的多数主管没有联系。有这个想法的是少数人，能努力让这个想法成为现实的是多数人，而这两类人之间存在着隔阂。”

我很快就看懂了——因为这个故事非常吸引你的注意力，让你不由自主就想看下去。你开始感觉少数人是低效的、多数人是无能的，而且你希望有解决的方案。我们想知道这个隔阂能否消除？”

这很好地体现了叙事方式的力量：人们采用这种方法直接向你讲述，并很快就能让你听懂；这样讲述的故事不难记住，听众也很容易就深入其中。

就像苹果公司一样，擅长讲故事的公司能迅速与用户产生持久的联系；那些认为讲故事不合适的公司，总是让人得不到想要的信息，导致听众看不懂，并因此产生反感的情绪。

叙事导图的诞生：一种组织和讲述故事的方式

经过多年时间，我创建了下列用来组织和讲述企业故事的方法。

在我的职业生涯早期，我在工作坊中使用了基本的可视化思维导图，这种图示叫做信息导图。从跨国公司到创业团队都有我的客户，我帮助他们建立关键信息的大纲，在核心信息上达成一致意见。他们一般把这些导图结构用于公共关系和媒体。

在做这些思维导图练习的过程中，8~10 名重要利益相关者组成的小团队都聚集在一个房间里，房间里配有一个白板和一些活动挂图。他们开始公开地讨论一些话题，如行业问题、新产品的发布、新的公司策略等。他们做的信息导图能够体现大家的共识，从而帮助他们建立层级清晰的重要内容。最后，他们用视觉效果强烈的大纲或大家愿意分享的关键信息形式来体现结果。

我喜欢帮助他们提升这个部分，引导持有不同观点的人使用相同的方式来解释一些难以解释的事。我认为，信息导图的潜力很大，它不仅仅适用于传达企业的关键信息，还可以有更多的运用。我倾向于像记者那样思考，所以我渐渐使用信息导图来讲故事，而不仅用其讲述企业的观点。我很乐意看到这些思想以叙述式的方式发展，并想知道自己如何将这些思想用一种逻辑性更强、可视化的方式联系起来。我非常享受这些导图练习的过程，以至于在 2006 年，我决定放弃自己的工作，创立一家与此相关的企业。这样，我便能全身心地投入到这

个提升信息导图技艺的过程中去。

下面这个故事很好地说明了我如何将企业叙事导图转换为可视化叙事导图。在我的职业生涯中，我教过很多人使用信息导图，其中也包括美国陆军公共事务的领导。当第 82 空降部队的威廉·考德威尔（William Caldwell）将军成为驻伊拉克司令部的主要媒体发言人时，我曾经帮他如何更好地作军事汇报。后来，当我真正成为考德威尔将军的媒体发言培训师时，我发现他自己非常支持这个工具。考德威尔将军不论是在伊拉克担任媒体发言人期间，还是作为指挥和参谋学院（Command and General Staff College）的院长期间，他都很喜欢使用这个工具。

指挥和参谋学院是军队军官的研究所，它位于堪萨斯州的利文沃斯堡。之后，考德威尔将军邀请我在该学院一个高级领导人的会议上做演讲，演讲的内容是关于叙事和信息导图的影响力的。当时，24 小时不间断的媒体刚刚盛行不久，军队打算优化信息分享和传播条律，而叙事则作为这个伟大计划的一部分，考德威尔将军也很支持叙事研究在该计划中所起到的作用。

考德威尔将军的研究团队在芝加哥采访了我，问了我很多关于信息导图的内容，并且涉及的范围很广。这一次，我才完全意识到这样一个导图如何把一个机构的需要融合进来，并编成一个常见的故事。在采访过程中，我第一次酝酿了这个术语"叙事导图"（见图 7—1）。

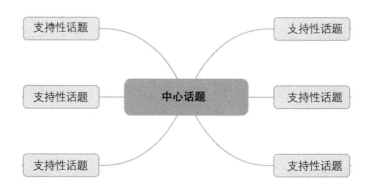

图 7—1　叙事导图

重新发现叙事：不再废话连篇

现在，你终于再次发现（或最终意识到）叙事方式在清晰、有条理的表达中起到的关键作用。你意识到，人们总是很欢迎讲故事的方式，但商务世界的同僚们却常常忽视这种方式。

所幸，很多机构正逐渐认识到，讲故事是吸引人们注意力的一大策略。如今，讲故事不仅是一项被广泛认可的商务措施，还是建立有力的、持久共识的一大关键。

每当我读到一个好故事，我总能记住它。然而，有多少公司能讲出好故事呢？其所做的大部分演讲都没给人留下什么深刻印象，原因是这些演讲听起来一般都大同小异。

然而，一些公司的发展历程本身就是伟大的故事。以西南航空（Southwest Airlines）公司为例。西南航空的员工善于回顾公司历史，并且经常对人讲述赫伯·凯莱赫（Herb Kelleher）如何将其创意变为新型航空公司的现实。

这个有关凯莱赫与新型航空公司的故事不仅精简、要点突出，而且还很幽默，受到广泛认可。西南航空公司的股市标志是 LUV，员工一直对这个故事津津乐道，直到今天仍然如此。

就像苹果公司重新定义了手机一样，西南航空公司重新定义了飞机。

然而，许多企业都没有做到这点。要向大家分享一个逻辑清楚的好故事似乎并不简单。

看看今天企业的沟通现状吧，企业很少能做到清晰而有套路的表达——而这正是今天许多商务会议的现状。这些会议一般会持续好几天，一个接一个的演讲展示枯燥得让人想哭。虽然一个接一个的演讲传达了很多信息，但其表达方式却都是冷漠而毫无人情味的。

讲故事是一种更加人性化的和更为尊重人的沟通方式。

多年以前，我有幸听过西南航空公司联合创始人在行业活动上的一次演讲。他谈到的所有内容都令人难忘，其中甚至包括他自己的男人气概（令人很难想象）。他的演讲入场充满了戏剧效果。他穿过一个闪光灯（这个闪光灯本来被用作给飞机指引大门的方向）做成的拱门，走上会场中间的过道，并受到了公司员工自豪的拥戴——他简直就是一位受一群爱玩的员工拥戴的帝王！

凯莱赫穿着一身商务休闲装，而其他的 CEO 们则穿着西装革履。在发表演讲的过程中，他甚至还给自己倒了一杯威士忌，抽了一支香烟。他的穿衣风格是纯牛仔式的，跟其平实的演说和叙事风格非常匹配，我被他的风采深深吸引住了。在 40 分钟的演讲中，他用故事的形式讲述了西南航空公司的特别之处和勇于创新的气魄，以及其在航空领域创立的新标准。

我确信，凯莱赫不喜欢使用 PPT 演示。他跟听众之间的互动充满激情，而且具有针对性；他在向大家讲述西南航空公司的故事时，充满了自豪之情。

仅仅在一个世纪前，讲故事是一门被广泛运用的演讲技巧。虽然在信息社会中，这门技巧的使用频率大大降低，但人们仍然喜欢听故事。我们需要传播爱、学会接纳，并且热衷于讲好的故事。

听着，我要准备讲故事了

当你想开派对时，你会尽你所能把派对开得有趣好玩。然而，当你参加大型商业会议时，你却似乎从来不会这样考虑。为什么会议都这么枯燥呢？

我的一个客户在一家世界 500 强企业上班，他要与自己的管理团队召开一次为期两天的大型会议，一起讨论新的提议。他很担心最后一天的会议，并向我寻求帮助。在那天，主管们将要进行一整天的演讲发言。

我问他："你能不能做些把会议日程变得有趣点的事？我们必须对听众的时间很敏感，要考虑他们是否能保持两天的注意力。"

"什么都做不了，真的，"他坦白道，"每个将要在会议上发言的人都找我定了 50 分钟的演讲时间，以及在主旨演讲之间休息的 10 分钟。"

我能想象，在为期两天的会议上，坐在观众席上的经理人会是怎样地萎靡不振；他们变得越来越不耐烦，听得头昏脑涨；许多人已经在下面偷偷玩手机了，他们几乎没有心思听演讲。

"我能说说我的想法吗？"我问。

他说："已经太迟了。我们已经安排了演讲的人，我现在什么都做不了。"

我的客户跟我一样都意识到了存在的问题，但他选择了向困难投降。

"我们一直都是这么做的。"他说。

我为这些参会者感到遗憾。他们将在第一天打起精神来听新的战略规划，每个人都会参与一些自己动手的训练和实践环节，而最后一天对他们来说却是真正的折磨。

"我有一个主意，也许能增加些亮点，让会议不至于那么难熬，"我说，"你们为什么不简短介绍一下每位演讲人的生平呢？突出他们一生中的重要方面，包括他们的教育背景、来自哪里、有什么爱好、从哪里毕业等。有了这些介绍，你就像给他们每个人都编了一个故事。"我建议说。

我继续说我的想法："我们还可以从 YouTube 上找一个短小的电影或电视节目视频，这些视频只需跟他们的生平故事有些直接或间接的联系，这些都能让听众们轻松片刻。比如，给销售主管安排一个电影《乌龙兄弟》（Tommy Boy）的视频片段，这部克里斯·法利（Chris Farley）主演的电影讲述了一个青年为超过他过世的天才交易员父亲而努力奋斗的故事；或者用电影《天才也疯狂》（What about Bob）的剪辑视频，在这个视频的某个剪辑场景里，比尔·默瑞（Bill Murry）扮演的角色被绑在桅杆上，在嘲笑一位女水手。

这一策略获得了很大成功。它将公司一场寻常的介绍会议变成了一场有趣的演讲者生平故事会，每个短视频都是一场个人模范秀。这场会议结束后几个月，人们仍然记得会上播放的介绍视频。

[brief] **BITS**

用标题说话，否则将没有听众

"杜威打败了楚门"（Dewey Defeats Truman）。标题能够吸引人们的注意力，并且以图像的形式保留在大脑中。标题就像是鱼钩一样，能勾起人们的阅读欲望，使他们从一堆报刊杂志中挑出你那本。当商务人士能用标题说话时，他们就像是从新闻报道那里偷师，说出的东西让听众感到意犹未尽。

考虑听众：新闻报道和叙事要素

你不是一名记者，所以你不喜欢叙事——这种想法是错的。对于任何想要经常传达重要信息的人来说，如果想吸引人们长时间的注意，那么学习新闻报道课程会让他受益匪浅。

在大学时期，我发现自己喜欢做新闻报道，尤其喜欢报道体育消息。于是，我写了很多新闻故事，后来又去写每周专栏。想要了解芝加哥洛约拉大学（Loyola University of Chicago）的同学们对什么内容感兴趣可不是件容易的事，这是一个不断的挑战。我有一个叫格雷格的朋友，他后来在《时代》（Time）杂志和福克斯新闻网（Fox News）工作。他曾教过我很重要的一课：总是对报道重大事件充满激情。

在我还没有正式参加工作之前，从他那里学来的经验让我不断思考如何能赢得听众。和他的对话给了我很大动力，让我开始考虑使用讲故事的方式，尤其在我进入品牌传播和公司策略领域工作后，发现使用这种方式能带来更广泛的吸引力。我不禁开始思考：新闻报道的哪些课程可以转化运用到商务领域呢？

结果我发现，新闻报道方面的很多课程都可以应用到商务领域。

一次，我为一家全球性的供应商做培训，带领公司的 200 名主管做故事叙述练习。这次培训的主题是训练领导力，目的是帮助公司的高层经理人学会将一篇很长的故事压缩成 3 分钟。培训会教给他们一些做总结的基本技巧，将复杂的故事精简成连贯的叙事。

我教给他们一些在新闻报道中使用的方法，他们表示很喜欢。

从这些培训中，我发现了一些讲出好故事的关键要素：

- 醒目的标题；

- 引人入胜的故事梗概；

- 强烈的冲突感；

- 表达个人的态度；

- 连贯的叙事线索；

- 事件间逻辑清晰；

- 角色的发展；

- 强有力的总结。

除此之外，故事还必须言之有理、观点明确，最后表明作者的态度和决心。

我们需要学习新闻报道的方法，多使用故事的形式来吸引观众的注意力。讲故事的方法不仅适用于新闻报道，它还能让人们保持关注、产生共鸣。我们要像新闻记者一样，思考并重视以上元素，去讲好每一个故事。随着越来越多的机构开始认识到讲故事这种方式的作用，他们必须小心在讲故事中会遇到的一些常见陷阱，以免毁掉一个原本可以讲好的故事。

下面列出的精简列表警示可供各机构参考，以免用错的方式或在不适合的时候使用故事叙述法，导致不能达到理想的效果。

警告 1：确保故事短小

在讲故事时，必须要控制故事的长度。当你开始学习并且接受使用这个方法时，你可能会过于激动，并开始长篇大论。当人们发现可以将枯燥沉闷的公司用语变得更富有人情味和更有趣时，一般都会这样。

当你开始热衷于使用故事叙述这个方法时，就已经隐含了一个不可避免的危险，即过于长时间地占用听众的注意力。讽刺的是，使用叙事法解决一个问题的同时，却产生了一个新的问题（见图7—2）。

所以，讲述时要确保故事短小，而且不要偏离正题。

> 如果你无法抓住要点，听众就会选择玩手机。因此，别给他们分心的机会。

图7—2 你的演示没人在听

警告 2：不要将故事讲成寓言，不要总讲"从前"这类故事

有时，人们为了更好地接纳那些宏伟和深奥的艺术形式学说，就去研究叙事、寓言、讽刺甚至神话这类复杂的理论。而且，一些企业抵触讲故事，因为他们担心讲故事的形式会将本应严肃对待的商业问题变成一场娱乐玩笑，这在某种程度上会削弱其所要传达的重要信息。

所以，在这里需要说明的是，我们讲的并不是"从前"这类的故事。我们在这里讨论的是公司使用的一种叙事方法，它包含故事的起因、方式、人物、时间、地点和结果等方面。人们所讲的故事必须能帮助其解决商业问题、做出决策、发现新趋势、分析复杂的市场动态——同时，还可以让听众觉得自己与其息息相关，并且便于理解。有些故事的讲述方式与苹果公司和西南航空公司所用的一样——用一种充满人情味的方式成功地表达了那些严肃的观点。所以，当有人谈论约瑟夫·坎贝尔（Joseph Campbell）或《星球大战》（*Star Wars*）时，你可要留心了。你要把故事讲得短小精悍，并能用一个简单的故事来解释一件重要的事情。

警告 3：不要只是推销故事，而要教授故事

讲故事是一种强有力的工具，因此，需要有人教你如何讲故事。

一些公司好不容易跟上了使用叙事方式讲故事的潮流，却盲目地开始把所有的表达类型都称作讲故事。然而，许多人并不理解如何将信息表达成讲故事这种令人动容的叙事方式。而且，人们只是讲故事，但并不明白如何将故事讲得紧凑。

我的一个客户意识到了这个难得的机会，即让他的管理团队掌握叙述故事的技巧。因此，我同一个小型变革管理公司合作，为这个客户量身订制了一个"故事流"工作坊，来帮助该客户的团队掌握打造和分享故事的基本元素。

这个工作坊设计得很有趣，人们很容易就能参与其中。我们给每位参与的经理人安排了一个话题，把他们分成四人一组讲故事，发给每人一个工作簿和其他工具来帮助其准备所讲故事的内容、事件顺序、次要内容、冲突等资料。

"看到经理人们将冗长的话题用紧凑的故事流形式讲述出来，实在很让人振奋，"工作坊的一个主要负责人说，"看到他们在参与工作坊几周后就能用故事'流'形式讲故事，意味着他们已经知道如何将公司化的表达方式转化成短小、吸引人的讲故事的形式，并且能说到正题。"

如果你支持并推荐讲故事这个技巧，但自己却不能传授，人们就会感到挫败和迷惑。教会人们构建创造故事和分享故事的技巧，对其学会精简的表达很有帮助。这不仅可以使他们更加专业，还表明了他们如何使用精简的叙事方式将其工作打上了个人标签（见图7—3）。

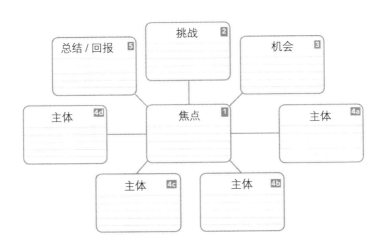

图7—3　讲述故事的要点

构造 / 解构叙事导图

叙事导图包括几个重要元素，这些元素可以让人们更容易解释信息，并且要点清楚，内容翔实。

让我们回到史蒂夫·乔布斯发布苹果手机的演讲上，那次演讲就是构造叙事导图的一个很好例子。

叙事导图的结构为发散状，呈顺时针走向：从中心的气泡框开始，再到外围的气泡框结束。

- **焦点**：这是叙事的中心部分，其作用类似于大标题，说明且突出了故事的要点部分：中心内容是关于创新、变革、竞争，还是关于其他事？

- **困局或者挑战**：你的企业正要解决的市场问题是什么？或者其面对的挑战和冲突是什么？为什么企业会存在这种问题？是什么原因造成了这个问题？该部分内容有助于人们从整个事件中分离出主要问题。

- **机会**：你所在的企业存在的机会或可能出现的结果是什么？有人将此称为未被满足的需求或顿悟时刻，人们可以通过其实现变革或解决某个问题。

- **方法**：你该如何将故事展开？故事中提到的三四个人物分别是谁？关键因素有哪些？故事发生在什么时间、什么地点，以及以什么方式发生？

- **回报**：所有好的故事都有一个确定的结局或回报。在这部分，你将介绍怎么解决故事开始时面对的困局。例如，在一个关于创新的故事里，你讲了公司用来创新的四种方法，那么，使用这些方法将如何让大家受益？人们从哪里得出故事的结论？有哪些人感受到了该方法带来的益处？

当你把枯燥的公司化用语变成叙事导图时，你就像装了一个过滤器，让其变得有趣起来。

叙事导图将大量信息整合成了一目了然的可视化大纲，这样构成的故事逻辑清晰、策略巧妙、上下文紧凑、相关性强。除此之外，该图示法还具有很强的真实性，它能赢得企业的信任，并对企业员工发挥作用。用一页纸即可表示该导图法的内容，非常简洁。

如果你将要讲的故事用导图表示出来，就可以跟客户讲这个故事，或跟一屋子的关键听众（如投资者、合伙人、员工等）分享这个故事。你会发现，不到 5 分钟，这些人就能真正明白你在说什么，并且不断点头对你表示赞同。

眼见和耳听都为实：由商业模式演变出的故事

我有一个做信用卡交易的公司客户，他的主要工作就是为金融机构和商户提供广泛的技术服务。这家公司已经发展到了一个关键性的时期：计划推出一套新产品，该产品除了可以为客户处理金融交易，还能为其提供很多其他的金融服务。然而，公司内部并未就该提议的核心内容达成一致意见，所以其管理团队打电话给我，请我帮忙创建一个叙事导图，来找出本质性的问题（见图 7—4）。

这一提议被称作"通用商务"，讲的是商业模式的演变。但在公司内部，大家对这个提议的名字争论不休：这个名字是否能真正体现这个行业的趋势或其产品的特征？

我带领大家讲了一遍做好的叙事导图。我邀请了十几个关键人物到场，他们一起事无巨细地讨论了这个挑战以及整个话题，并开始将提议当作一个故事，把几个关键部分拼凑起来思考。

图 7—4 通用商务

他们问自己："是什么在推动这个变化？"我们在白板上用图示表示出这个话题，并将关键要点分离出来。最后，我们将整个事件进行压缩，用 页叙事导图表示出这个客户叙述的整个故事。这个故事很好地展示了人们这些年来做生意方式的演变历程。故事从传统商业模式讲起，那时，我们在商店买东西；讲到电子商务，那时我们在网上买东西；而现在，我们通过智能手机和移动设备随时随地购物，并且，消费者希望能得到一个全方位的整合体验。

这个故事立刻就使消费者和商家产生了兴趣。尤其是消费者，在他们心中，科技的进步就如同奇迹的诞生，使用发达的科技能同时调动各种设备同时工作，而且非常个性化。

然后，我们将故事做成了一个短小的视频特效动画，动画播放了那些在白板上手绘的插图，我们将后者称为白板叙事。在这种叙事形式里，配有音乐的动画快速播放了那些手绘出的故事，而叙述者则在一旁向听众解释故事。

我们花了几周才将这个故事梳理清楚。然而，如果我们没有把信息转变成叙事导图，那么故事讲起来就会非常混乱，还有可能误导公司主管和销售部员工。如果我们没有使用叙事导图法的连贯视角，会导致其潜在的美感和优点都无法凸显，一个本来很好的故事也就这样被毁了。

在向销售员工做这个重要展示的前一天，公司领导团队在会议中心的一间会议室里演练了白板视频，他们还向公司 CEO 展示了这个简短的叙述视频。最后，公司 CEO 转向领导这个项目的高级主管，只是说了句："我明白了。"

在看到这个展示之前，他一直都认为自己理解了这个策略。而现在，他才真的了解清楚了。

这个叙述将成千上万的人内心深处对该项目的理解及共同的想法凝聚到一起，下面是他们的表述：

> 这是一个关于商业模式的故事——说明了我们的购物方式是如何发生改变的。如今的顾客希望能同时拥有所有体验，他们不仅希望买到最好的商品，还希望购买方式最便捷、个性化，而且随时随地都能有所联系。在我们公司，将这种体验称作"通用商务"。

很久以前，人们无法控制何时何地购物、如何购物。人们只能去商店买东西，然后决定是否接受商家规定的价格。之后，人们发展出了电子商务，它使消费者有了更多的选择权和控制权。然而，线上购物和实体店购物是两种完全不同的体验。最近出现的智能手机和移动设备使线上、线下购物融为一体，开创了移动电子商务时代。

通过移动电子商务，人们将线下购物和电子商务相结合，形成了通用商务。在这个新世界里，消费者会有更综合全面的购物体验，不仅购物速度快，而且不论身处何地，他们总能一直保持联系。

请想象一下：你的一位邻居要给自己的女儿买一个生日礼物，他收到一封电子邮件提醒，向他推荐了一件夹克。他在网上仔细查看了这件夹克、阅读了相关信息、对比了价格，并将一件价格最低的夹克放进了虚拟购物车中。稍后，他要去办件事，刚好路过当地的一家商场，这时他的智能手机收到一条提醒消息，告诉他这家商场里的一家店有这件夹克，而且现在买的话价格更便宜。在收银台付款时，他从移动钱包中选了一张卡支付，并且用忠实顾客指数抵扣了一部分金额。

他继续去办事，并打开手机上的星巴克应用，点了一杯他最喜欢的拿铁。在路上，他用手机选了一种方式付款。当他走到星巴克时，他点的咖啡已经放在柜台上了，而且已经结账。他走过去拿起咖啡，然后离开，所有这一切都是在一分钟内完成的。

如今的消费者对商家有了更多的期待，但现实中的支付方式已经落伍，无法满足消费者的要求。为了能跟上发展，商户和金融机构需要尽快去适应消费者的需求。因此，两者如何才能跟上这种快速的变化步伐，从而给消费者带来全方位的、完整的顾客体验？

"通用商务"的时代已经到来，它给人们的生活带来了很多希望，充满潜力。

在这个充满了无数选择的世界，我们有能力让一切都变成现实。

这个故事对在座的每位听众来说都具有重大意义，并且对其产生了很大的吸引力。销售人员知道如何向消费者解释和推销这种愿景；

消费者感觉这家公司真正明白自己的需求；金融机构相信这家公司明白技术如何改变人们的生活；商户希望这家公司能帮助自己，他们清楚，自己需要适应消费者的期待；而分析师则更加关注这家公司，因为后者正在领导一场商务变革。

这个故事所呈现的目的清晰，且有力地说服了听众。

第 8 章　谈话法：控制对话和 TALC 法

长话短说。精简表达意味着要避免没完没了的独白，进行有控制、有节奏、有目的、要点清晰的对话。

有些人认为，精简表达就是要删去所有的对话。这种说法不仅是错误的，也不是我写本书的意图。

实际上，跟上面相反的说法才是对的。想要做到真正精简的表达，就要鼓励加入优质的、有意义的对话，而且要控制对话。我认为，两个人即使乐意交谈而且享受他们之间的对话，但并不意味着要不停地说下去。

人们需要经过训练，才能学会控制对话。对听众来说，你必须确保要说的事很重要，而只有积极倾听才能知道听众关心什么，从而引起听众的兴趣，赢得听众的支持。

如果对话在你的控制中，你就能很自然地在任何时候结束对话，不会有疏远对方的嫌疑，也不会感觉尴尬。下面讲的是一个在飞机上跟人聊天的例子。

冒险的商务差旅

当我旅行时，我经常会跟飞机上的人说话，而且进行的都是一些很不错的、短小的对话，对话双方都有参与，而且我们不会在整个旅程中一直说话。但这对许多人来说却是一个噩梦。尤其是旅程很长而你又无法轻易离开座位，比如你坐在（实际上是被困在）靠窗的位子上。

我用的是什么方法呢？答案是积极倾听。对于一个去西班牙的旅行者，我们可能以这样的形式展开对话：

"你去西班牙做什么呢？"我开口问。

"嗯，我要去参加一个医学会议。"他回答说。

"会议地点在哪里？"我继续问。

"在巴塞罗那。"他回答。

在这时，我继续说点什么或问几个好的问题可能会将对话引向许多不同方向。对于我问的问题，他可能会简单地回答，或者干脆不回答。

在这里，我避免了三个常见的错误，这些错误可能会使对话变得冗长枯燥。

1. **消极倾听**：让对方喋喋不休、事无巨细地说，但又没有说清到底发生了什么事（结果：对话失控）。

2. **等待说话的次序**：让对方说，然后插入其中说自己想说的部分（结果：生成两个对话）。

3. **反应冲动**：冲动地回复对方说的某个字眼或想法（结果：对话方向不清楚）。

[brief] BASICS

观察进入：清楚对方在想什么

先停下来观察你的听众，你能知道他们是否在听你说话、有没有跟上你的思路。

在一个周五的晚上，你和一群朋友到一家餐厅吃饭，这家餐厅的生意非常好。你们等了好久才等到一个桌子就餐，而你们坐下后却发现服务员迟迟不来。10 分钟后，你开始感到烦躁。服务员终于来了，并向你们道歉。你们点了喝的东西，但等了好久都没有送过来。你们又点了吃的东西，然而等待的时间更长。

这时，漫长的等待成了大家唯一的话题，因为大家都开始抱怨这家餐厅糟糕的服务。当餐厅经理问你们"感觉怎么样"时，你们对着他说了一通怨言。餐厅经理催促服务员加快送餐速度，并从账单上减掉了一大笔金额。

这个经理所做的就是"观察进入"，这也是他可以弄清顾客在想什么的唯一方式。"观察进入"不仅可以让你停止说话，还能让你分清人们是否能跟上你说的节奏。"观察进入"是成功对话的生命线，但使用这个技巧的人非常少，其原因在于大家都懒得弄清而且也害怕开口询问。其实使用这种方法有很多优点。

> ▶ **人们能听懂你的意思**。大部分人都错误地认为自己的意思已经表达清楚了。但实际情况是，听众很难听明白演讲者在说什么。所以，你首先要学会问一些好的、开放式的问题，确保听众能跟上你的节奏。

> ▶ **它能使你的表达简洁清晰**。你在讲话时，需要时不时地停顿一下，这样做不仅能删除一些不必要的内容，还能看出对方是否听明白了你的意思。除非你自己主动询问，否则他们不会说。

> ▶ **它能避免只有一个人在说的现象**。如果你在进行"观察进入"，听众在听的过程中就会"退出"，不再听你说话。

最重要的是，要让对话围绕对方展开，可以提前准备一些跟他／她相关的问题。这会让你处于控制对话的位置，因为你知道对对方来说哪些很重要，因此你能自信地进行沟通。

有控制的对话就像打一场网球比赛，而不像打一场高尔夫比赛

交谈不像打一场高尔夫比赛。在高尔夫比赛中，每个选手会轮流打球，在自己打完后等待下一次打球的机会。交谈更像打一场网球比赛：关乎积极倾听，关乎问高质量的问题，双方还会有来有往地开些善意的玩笑。在对话开始一段时间后，对话节奏就会出现平衡。

因此，只有当你进行一段而非两段对话时，才有可能做出简洁的表达。你还要控制对话的走向、节奏和进展状态，要做到这些，你需要做一件很少有人能做到的事：倾听。当你没有喋喋不休时，你才有可能围绕对方开展对话。

在对话进行一段时间后，对方将开始享受你们之间的谈话，因为他们自己充分参与了这次谈话。你提了一些有关兴趣的问题，并控制着提问和评论的频率。

"那么，你为什么要去马德里参加会议呢？"我继续问他，因为我想了解更多的信息。

"我是一个脑外科医生。"他回答。

如果我想继续谈话，我可以再次提出问题，比如："你在哪个学校读的医学专业？"

如果我想结束谈话，我可以在座位上打几个盹儿或者看我的书，并且只要礼貌地说声"噢，还挺有趣的"，不再问问题，这样的停顿就能让我控制这场谈话。

TALC 法——平衡和简短的结构

TALC 法指的是 T（talk，讲话）、AL（active listening，积极倾听）、C（converse，交谈）。我们可用该法来有效组织所有的对话，使对话进行得简洁、令人难忘。TALC 法并不是一个公式，而是一个可以根据实际情况调整的方法，能帮你快速找出对方想要表达的主要思想，找出有趣的对话走向。需要注意的是，导图法和讲故事的技巧并不适用于 TALC 法，因为后者的目的是保持平衡和控制对话。让我们仔细看一下 TALC 法的每个组成部分（见图 8—1）。

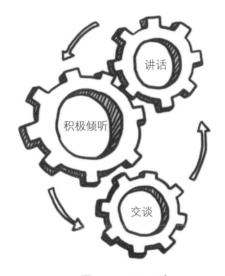

图 8—1　TALC 法

- **T/talk（讲话）**：如果有人开始说话，就让他 / 她说。不要担心他 / 她是说 1 分钟还是说 5 分钟，只是让他 / 她说而已。

  你要注意下面两个关键内容：

  ◆当那个人说完后，准备好你要说的内容；

  ◆确保你的应对有一个清晰的论点。

- AL/active listening（积极倾听）：认真去听对方在讲什么，要一直带着兴趣去听，不要开小差，不要做其他事，也不要因为思考答案而分心。要听到对方叙述的关键词语、名字、日期以及基本思路，不要像听轻音乐那样，在听完流畅的爵士乐后没有产生任何想法或不去思考。你要积极地倾听，因为你将参与对话的下一步，需要思考自己在何时、怎样插话比较合适。这样，当轮到你说话时，你才能做好准备。

  你要注意下面几点关键内容：

  ◆问对方开放式的问题，而且这些问题要与你听到的内容相关；

  ◆试着将谈话引到你真正感兴趣的话题上去。

- C/converse（交谈）：当谈话中出现停顿，你就需要插话、评论、提问甚至将谈话衔接到另一个不同话题上，但这个话题要与之前谈话的内容相关，然后继续进行另一段对话。

  你要注意下面三点关键内容：

  ◆当轮到你说话时，不要另起一段无关的对话；

  ◆回答要简短；

  ◆知道自己何时该停止说话，对方才能有机会继续说。

做好一切准备

对你来说，控制对话和使用 TALC 法这个概念意味着什么呢？

这意味着，你将为对话出现冲突分歧或达成一致意见做好准备。在交谈中，你要把话说到点子上，在尊重对方表达内容的同时，再次有效地重申自己的计划。

[brief] **BASICS**

积极倾听：知道对他人来说最重要的内容

积极倾听有助于你决定对听众来说最重要的内容。

积极倾听有助于你决定对听众来说最重要的内容。与我在美国特种作战部一起工作的人是我认识的人中最聪明、最具有奉献精神、最努力的专业人士，他们不仅冒着生命危险去保护公民同胞，还为自己职业生涯中遇到的各方面挑战作出了巨大牺牲。作为学习者，他们简直棒极了！

然而，令人吃惊的是，他们中几乎所有人都在我的课程上表示自己是糟糕的倾听者。实际上，我还没遇到有人说自己的优点是积极倾听。

积极倾听是做到简洁表达的基本技能之一。有点讽刺的是，即使这样，人们还是经常认为简洁表达就是减少沟通的内容。对你的听众来说，你在不开口时所听到的内容能帮你分析出最重要的东西是什么。以下是一些积极倾听的组成部分。

▶ **积极倾听有助于归纳和总结**。积极倾听不仅能让你听到很多信息，还能将信息进行提炼，归纳成有力的总结，从而获得他人的重视。

▶ **积极倾听让你不至于说太多话**。问高质量的问题和善于倾听有助于降低喋喋不休的风险。

▶ **积极倾听让对方讲更多的话**。善于积极倾听的人也擅长提问，能让对方讲更多的话。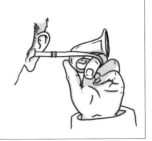

▶ **积极倾听能让你看起来更有人情味**。积极倾听能使你具有同感力，更易获得他人的注意。

我发现，自己与共事的人进行过的 80% 的谈话都是简单而有趣的交流。在这些交流中，有 20% 的对话时间都是在控制中进行的。在这些对话中，我都运用了简洁和平衡的技巧来避免在压力的话题下产生本能的、情绪化的问题。

积极倾听在控制对话中起到重要的作用，帮助我们判断他人的心理活动，并且找出对他们来说最重要的内容。不要忘了给他人留有倾听的时间，因为他/她也需要有机会跟上你的思路，像你那样参与对话。

听众，听众，听众

简洁表达的整个思想是弄清对你的听众来说最重要的内容。关注他们所重视的问题，意味着你尊重他们，重视他们说的话，注重他们听得怎么样，而且尊重他们宝贵的时间。

尊重听众并不是在对话中没有自己的计划或目标。相反，对话开始时就把重点放在听众身上，能让你更有效率地实施自己的计划。比起控制对话所进行的过程，控制对话更多的是关于如何在对话中控制自己，这是让你成为一个有效的沟通者的秘诀（见图8—2）。

[brief] BITS

停顿是精简表达的有力武器

保罗·哈维（Paul Harvey）是一位大师级的电台播音员，他在主持广播节目《故事之余》（*The Rest of the Story*）时，总会使用一些道具来吸引听众的注意力。他之所以能吸引听众，不仅在于他能有技巧地讲故事，还在于他知道何时该停顿。在那一刻，沉默就像吸引听众的磁铁，主持人能用未说出的话将听众的注意力吸引过来。每次哈维都会这样说："现在，就是大家知道的（停顿）《故事之余》。"

> 信息过剩造成的后果可能是灾难性的，让人难以负荷，因此要减轻信息的负荷。

图 8—2　每个人都存在局限性

例如，有人在社交媒体上发布了成篇的无关琐事，这种做法不仅让人厌恶，还影响了其作为客观信息发布者的声誉。

企业顾问布拉德·法里斯（Brad Farris）的做法则跟上面的例子相反，我很欣赏他在网上发布的内容，他发的社会媒体信息都很简洁。他虽然不经常发帖子，但他发的每个帖子都具有很高的价值。他知道自己的朋友们每天都要在网上浏览很多信息，而他只分享重要的事，以此来表达自己对朋友们的时间的尊重。

即使在谈话中，我跟他的计划有少许不同，我也不介意花时间去听听他的观点，这是他自己赢得的时间，因为从他那里得到的信息都不是杂乱无章或者毫无意义的，这些都值得人尊重。

简洁表达可以让对话进行得更好，让观点更清晰。

第9章 展示法：让使用图片的效果胜过使用1000个字

长话短说。比起只使用文本，使用可视化沟通的效果更具有吸引力。可视化沟通虽然简单，但更加有效，使用一张照片的效果胜过使用1 000个字。

展示—叙事：你会选择哪种方式

当你考虑自己要展示的内容时，应从听众的视角来考虑。如果你是听众，你会选择下面哪种方式呢？

- 是一本500页的、上面写满字的书，还是一本带有曲线图、图像和图解的书？

- 是一个三页长的、上面满是文字和枯燥的股市图片的付费广告，还是一个带有交互图表和视频的线上指导？

- 是一个写着10项标题的PPT，还是一个图片效果强烈、标题吸引人的PPT？

- 是一封向下滚动屏幕三次才能读完的电子邮件，还是一个只有 1 分钟长却包含所有内容的视频动画链接？

- 是一部绿色屏幕的手机，还是一部屏幕布有炫目图标的智能手机？

- 是一个只按照着 PPT 念内容的展示者，还是一个在 PPT 中到处标记重点的展示者？

- 是一个一本正经的视频，还是一个包含个人采访、真实镜头和真实故事的视频？

你首先要选择以上的展示方式，听众才能很快听懂你在说什么，而且不费力气。如果你一开始就做了这些准备，听众在听时就不费力。

视觉效果的强大之处

我们正从一个文字载体的世界转变为视觉效果的世界。在我们的生活中，随处可见屏幕和交互式媒体。在我们的家里、教室里、电梯上甚至是浴室里都有视频设备，它们代替了电话、书籍、报纸、广告牌和纸质菜单。

当下最流行的几种社会媒体都是基于视觉设计的：Pinterest、Tumblr、instagram 以及 Vine。比起以往任何时候，人们现在更希望能跟自己每天收到的信息互动，并亲自参与其中。我们生活在信息图片化的时代，在这个时代，我们能通过简洁且吸引人的可视化效果来解译语言信息和数字资料。如今，视频、信息图片、插图、动画这些媒体都登上了学习舞台的中心。

许多研究表明，有 65% 的人都在通过视觉效果来学习。而且，研究还表明，我们尽管只记得听到内容的 10% 和读到内容的 30%，但对于我们看过的内容却能记住 80%。鉴于视觉效果的强大，使用可视化沟通效果是提升沟通的有效性和简洁性的很好机会（见图 9—1）。

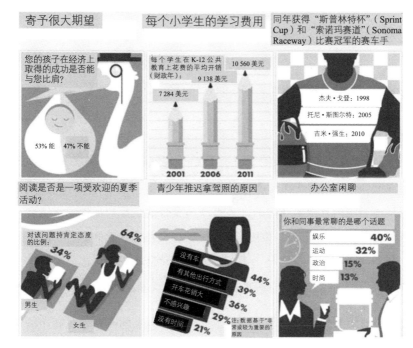

图 9—1　可视化效果

观看取代阅读

比起阅读，人们更喜欢观看，如今的人们比过去更偏爱视觉效果。《今日美国》（USA Today）的创始人阿尔·诺伊哈思（Al Neuharth）是证明这种现象的一个典型例子，他在 20 世纪 80 年代彻底颠覆了报纸这一媒体，并重新定义了新闻业。

在分析了当时人们阅读报纸的习惯后，阿尔·诺伊哈思认为，日常新闻需要变得更加易读。于是，在《今日美国》上刊载的故事变得更短，故事很少会长到转至第二页，并且为其增添了很多视觉效果。诺伊哈思将报纸的呈现重点放在视觉上，此举甚至开创了制作信息图片的手工业。

诺伊哈思并不是一个报纸业的纯粹推崇者，而是推崇简洁表达的那类人。他支持将读物的呈现形式从文本转变为可视化，并意识到现在的人没有足够的时间和注意力时长来读传统长度的报纸。他知道，这是个向读者简洁展示作者意图的时代。

视觉语言

在 20 世纪 80 年代，阿尔·诺伊哈思的做法受到了很多人的批评，但他的确对今天的主流报纸和杂志的呈现形式产生了很大影响。今天，包括《华尔街日报》在内的许多报纸都有智能手机和平板应用供读者下载安装，而且新闻文章中还配有视频和交互式视觉的部分，满是文字的新闻出版物时代已经一去不复返了。对所有行业来说，想在当今这个世界做到有效沟通，就必须做好可视化沟通。

做好可视化沟通效果并不简单。毕竟，并非所有人都对制作信息图片信手拈来，也并非所有人都能轻而易举地将一篇叙述变成一个简洁且具有说服力的图形、图表或插图。如今，全世界能够运用可视化沟通效果的企业还不到 3%，原因在于人们很难运用好可视化沟通效果。比起写字，要找到一幅能表达 1 000 字的图像难度更大。但是，如果我们在真正展示前就做好这些工作，会对展示对象很有帮助，他们拿起展示报告就能明白我们在说什么。想通过可视化的方式表达我们的想法，需要同时动用两部分大脑：主导逻辑推理等功能的左脑，以及主导创造想象力等功能的右脑。

使用标题能起到一些作用，但商业绘图软件 SmartDraw 的创始人兼 CEO 保罗·斯坦纳德（Paul Stannard）说，使用图像的沟通效果比使用纯文本的沟通效果强 5 倍。他预计，如今一年里产生的信息比过去五千年里产生的都要多。

这真的很像是学一门不同的语言。

当我开始成立 Sheffield 公司不久，我有一个客户——一家叫作 CogMed 的瑞典软件公司——想要在市场上推销其新产品，这是一款帮助注意力缺失症（ADD）患者接受教育的软件。CogMed 公司经理找到我，他们希望能针对美国市场写一篇软文，介绍这款产品的作用，即它能帮助那些患有认知局限的人锻炼工作记忆。

正如你所想的那样，设计这款软件的神经系统科学家非常聪明。但他们想要找到一种吸引目标用户注意力的方法非常困难，因为他们的潜在消费者患有注意力缺失症（ADD）。

因此，我们向信息图片天才约翰·泰尔福特（John Telford）寻求帮助。我们一起将关于这款软件的信息简化为三个要点，并绘成一页长的可视化故事，那种感觉就像是对着一个自动视觉翻译机在说话。

"我将自己和与我共事的人作为测试案例，最终发现，想要达到预期效果，必须用跟业内人士不一样的视角来看待事物，"泰尔福特说，"当我做信息图片时，我会说，'这是向那些不懂我们在说什么的人解释想法的最简单的方式。'我可以用一种外行人能够理解的方式来展现，因为我自己也是这些人中的一员。"

泰尔福特精通文字和图像两种语言，他如同魔术师一样，帮我们把语言叙述转化成了有意义的图像。

"这是一种看待信息的方式以及解剖信息的能力，"泰尔福特说，"很多专家都能投给你大量信息，但关键在于如何让那些对概念并不熟悉的人理解信息的精华部分。"

我们完成了这项任务，成功地帮助 CogMed 公司用视觉方式讲述了这个故事。

给你的故事加上图像

信息图片的设计师们首先要弄清自己试图沟通的主要观点是什么，这部分并不难，困难的部分在于找到一个相关的视角进行表达，用合适的图像来解释要表达的故事。

2008 年经济危机时，一些公司高管找到我，希望我能向公司的领导团队说明员工困难时期时在沟通中遇到的潜在挑战。当时经济衰退的情形有些恐怖，有人甚至将它比作是"大萧条"。

我当然不知道 20 世纪 30 年代发生的经济大萧条中是什么情形，但我的父亲曾给我讲过奶奶的故事。当时，奶奶是芝加哥西尔斯罗巴克公司（Sears Roebuck）的缝纫工，她的工作就是整天钉夹克上的纽扣。她在大萧条时期保住这份工作的方法是，如果她在下班前做完了当天的工作量，她会把钉好的扣子重新取下来再钉一遍。她的工作秘诀就是"要让他们看到你在不停地工作"。

所以我决定在展示中使用这个故事。关于故事的视觉部分，我在网上搜索了"有纽扣的夹克"，将找到的图片放在一边，然后用 15 分钟讲完了这个故事。就是这样简单，我确定了自己想要表达的观点，并在网上找了适量的图片来保证视觉效果。这种将文字和图片结合在一起的表达方式真的很有效果。

你应该在展示之前就做好准备工作，虽然这样做开始会有点痛苦，但能为听众省掉很多麻烦。

下面是一些运用视觉表达的简单方法。

1. 在网上搜索跟展示内容相关的图片。

2. 在展示时即时绘制图形。

3. 在网上搜索相关的短视频。

4. 自己制作跟内容相关的短视频。

5. 在阐释时使用白板。

6. 使用"展示和叙事"课程中讲到的小秘诀。

7. 在 prezi.com 网站上搜索不同的展示模板。

8. 少用文字，多用出彩的照片。

9. 用彩色字编码备忘录。

10. 用图标代替频繁出现的字。

即时魔法：信息图片在商业中的运用

使用可视化沟通能提取复杂信息的重要部分，并对其进行解释，让它变得更有趣，而且最重要的是，这样做能让它易于解读。不管是对内还是对外，掌握这种技巧能立竿见影地提升沟通复杂信息的效果。

比如，像通用电气（GE）、西尔斯（Sears）、沃尔玛、苹果这些公开上市交易的公司，它们需要给公司股东提交年度报告，报告中一般包含了很多图表和图像，这样股东更容易看懂公司的发展现状和预期目标。年度报告好比一本描述了公司目标的迷你杂志，而其目标客户却并不一定有足够的时间或相关的背景知识去读懂原始资料。

然而，很多企业都没能做到这点。即使有些公司在文章中使用了图片，但这些图片却没能说明该企业所特有的故事。

因此，我们需要从一开始就假定人们不会去看文字的部分。一篇文章除了文字的部分，其所用的图片也应该能独立连贯地表达文章的内容。

分解复杂信息

《视不可当：信息图与可视化传播》（*The Power of Infographics*）一书的作者马克·斯米克莱斯（Mark Smiciklas）解释说，人脑的50%都用来处理视觉信息。即使我们与生俱来更偏向于通过视觉信息学习，但很少有企业选用视觉信息来满足客户的需求。以移动支付公司Monitise在《华尔街日报》数字版投放的一个广告为例。该广告写道："请一定不要读这个，因为我们不知道该如何引领当今的技术世界。"这个广告的正文只有文字和一张枯燥的股价图，这让它读起来就像在读老式的教科书，并且内容也说的都是些没用的东西。这则广告本来可以给读者带来交互式体验，但结果却平淡无味。公司的网站也是如此，其网站上的文字是视频广告中的两倍。它们的广告和官网都没有运用什么吸引人的视觉效果来说明其服务。

营销自动化解决方案提供商Eloqua是一家将可视化沟通做得很出色的公司。斯米克莱斯描述了这家公司如何用信息图解释其软件的复杂性，从而帮助人们理解网络营销空间的动态。

宜家公司在家居行业使用信息图，从而带来了一场革命。从这家瑞典公司买过东西的消费者都知道，宜家的安装手册里没有文字，只有图片。图片上，一个拿着通用扳手的人向消费者展示如何组装他们所购买的家具。这种安装家具的指导方法符合人们的直觉，而且不费力。

视频和商业结合的时代

用视频讲述故事的效果则更加突出。视频故事的形式不仅可以用于教育、营销方面，还可以用于娱乐和吸引观众方面。

人们每天会分享成千上万个 YouTube 视频，全世界的企业也在创作自己的 YouTube 视频或运作 Vimeo 频道，用可视化的方式诉说自己的故事。他们意识到，如果使用一张图片的效果胜过使用 1 000 个字，那么使用一个视频的效果就胜过使用 100 个字。但值得注意的是，像其他的沟通方式一样，你在制作视频时，必须对观众的体验高度敏感。

你要控制好制作的视频长度。YouTube 上的视频一般是 3.5 分钟的长度，超过这个时间，人们就可能会失去兴趣，点击退出视频。视频越长，观众就越难保持注意力。

比如，我的一个同事给我发了一个视频链接，视频的内容是关于一个网络营销活动专家的。这个视频可以免费观看，所以我点开了。我打开视频后做的第一件事就是看视频右下方的计时器，查看看完这个视频需要多长时间。

我朋友发来的这个视频需要 15 分钟才能全部看完，它比我通常看的视频要长，但我的同事对视频中的那个人赞不绝口，于是我还是看了下去。我看了 3 分钟后，就开始怀疑自己是否能坚持看完这个 15 分钟的视频，尽管我下定决心全神贯注地看，但还是做不到一心一意地看。

制作视频时，要注意视频的运行时间和质量。如果你的视频让人感觉很外行，那么你会立刻失去观众。

另外一个建议是：制作系列的视频片段。YouTube 和 Vimeo 都为企业制作系列视频提供了渠道。如果你制作的视频耗时短、内容吸引人，而且具有教育意义和娱乐价值，人们可能会期待看到该系列视频的下一集，就像他们喜欢看系列电视剧一样。因此，你需要多像播音员那样思考问题，而少些像行销员的想法。

[brief] **BITS**

精益的沟通者练就了删减负担的肌肉

威尔·斯特伦克（Will Strunk）有一句著名的警告："省去不必要的字词。"如果有人溺水了，那么再给这个人身边加水是有害而无益的。我们应该把做出精简的表达看作一种责任，是对他人的一种理解和尊重，并努力成为一个精益的沟通者。请想象一下，如果你有件非常重要的事要和某人说，但这个人恰好要飞奔出门赶火车，他的时间非常紧张，在这种情况下，你会怎么做呢？试着这样跟其他人说话，即使他们并不着急赶时间。

智能手机自带的摄像机使视频拍摄变得更加便捷，下面的故事很好地证明了这点。查理·迈耶森（Charlie Meyerson）是一个广播播音员，他用自己的苹果手机拍摄生活中发生的事，并上传到自己的博客上。一天，他走到芝加哥的戴利广场，看见一个非裔美国男孩正在做一场热情洋溢的演讲，内容是关于当地的学校停课事件。他迅速地拿出手机拍摄，将男孩的演讲做成两分钟的视频，写了几句介绍，放在自己的博客上。很多人看了这个视频，认为这个男孩很有成为未来芝加哥市长的潜力。

视频是一个很好的工具，它捕捉到的信息短小精悍，而且便于跟人分享（见图9—2）。

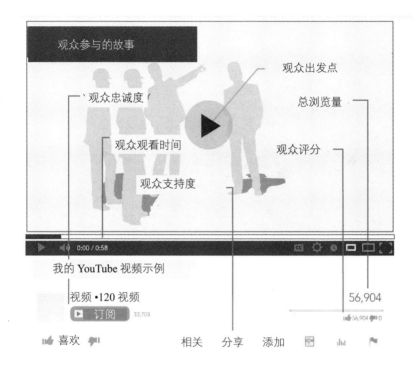

图 9—2　视频界面

太长，不读

你可能会想："我要立即开始制作信息图和视频。"不过，还有一种更加简单有力的提升可视化沟通效果的方法，那就是简化文档格式。

对任何书面材料来说，不论是报告、电子邮件还是书籍，文档格式都非常重要。传统的商务书籍没有图表，但这种现象正在发生改变。在当今这个时代，如果一本 100~150 页的书中只有文字，那这本书就忽视了读者对视觉信息的强烈偏好，只有傲慢到不可一世的作者才会希望读者从头读到尾找出他想表达的观点。一个作者应该主动用多种方式（如使用图像归纳）来说明自己的文章意图（图 9—3）。

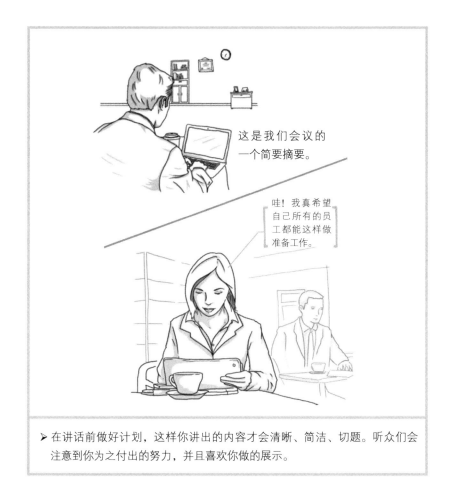

➤ 在讲话前做好计划，这样你讲出的内容才会清晰、简洁、切题。听众们会注意到你为之付出的努力，并且喜欢你做的展示。

图 9—3　花时间做准备

TL，DR——太长（too long），不读（don't read）。如今，人们都希望信息的表达是简洁的，如果信息太长，人们的反应就是：不读。"太长，不读"的说法不仅适用于电子邮件、博客，还适用于书籍。

下面是一些让书面表达变得更简短和更有吸引力的方法。

• **写得诱人**。文章的标题或主题行要醒目，这能为你吸引读者。

• **将电子邮件的长度控制在屏幕的窗口范围内**。如果对方需要滚动屏幕才能读完你的邮件，那这封邮件就太长了。

- **留有空白**。确保行文中留有空白和空间，每段文字不要写 8~10 句，写 3~4 句就差不多了。

- **勇敢表达**。如果你要表达一个重要的想法，那就大胆地说出来吧。

- **运用点句和列举**。每条都用醒目的词语或短语开头。

- **删除无用的部分**。删掉不必要的部分，确保文档精简，便于阅读。

文档的格式、长度和布局能帮助读者决定你的内容是否精彩，是否值得他们花时间阅读。

看到这里，也许读者想到的问题是："你能给我做个示范吗？"图片、动画、信息图能让复杂、费解和冗长的信息变得易于接受、便于理解。满足人们的这种期待，让你的听众感到意犹未尽。

第 10 章　精简表达实践：格兰杰、AL 和 Betty 的故事

长话短说。分销商格兰杰（W.W.Grainger）公司敢于与众不同，决定用图示、叙事、谈话和展示的方法将其 5 年愿景变成一个策略性的叙述，这种做法得到全体员工的欢迎。

通过叙事导图成功讲述公司战略

分销商格兰杰是一家总部位于芝加哥郊区的世界 500 强公司，这家公司将图示、讲述、交谈和展示结合在一起运用的做法是一个成功的案例，将一个复杂的公司策略讲成一个简单的故事。

我与格兰杰的战略规划负责人约翰·波尔塔（John Borta）见过面，在喝杯咖啡的时间里，我告诉他可以运用叙述将其复杂的商业战略进行简化。

"当我们开始谈到如何让公司的高管团队运用叙述图示法总结公司的 5 年策略愿景时，我感觉眼前一亮，"波尔塔说，"这种策略性叙述

的想法非常吸引人，因为我们可以运用这个方法向更多的经理人和员工讲述公司的愿景。"

之前，格兰杰公司花了两年时间广泛地研究市场动态、关键消费者的考虑因素，以及公司该如何应付比过去大得多的机会。

"毫不夸张地说，我们做了大量调研，收集了很多意见、数据和推荐，并把这些写成篇幅很长的展示和详细的文本资料，"约翰·波尔塔告诉我，"计划是对的，但我们真的很难找到一个更简单的表达方式来向大家说明公司的愿景，还能保证大家在听的过程中不会离开。这样做的风险太大了。"

因此，波尔塔邀请我参加了一次格兰杰公司的高管团队会议，会上，十几名公司高管在谈论决定采用哪种方案来展示公司的 5 年策略愿景。我引导他们建立了一个叙事导图，把这个计划解释成一个清晰简洁的故事，而且具有很大说服力。

在谈论导图的 4 个小时里，我向他们提了一些关于计划流程、市场和重要见解等问题。

"公司的目标消费者是谁？"我问。

回答是："我们认为，公司有两类完全不同的消费者：一类是门卫，一类是财务人员。"

我在白板上用简笔画画了两栏。

"好的，为了称呼起来更简单，我们不如把门卫这类消费者称为 A，把财务会计这类消费者称为 B。"我说。而且，我没有简单地将他们称为 A 和 B，而是称其为 Al 和 Betty。这样听起来更简单，还更有人情味。

参加会议的高管们很快就说出两种消费者的特性，我分别在两栏下面记下对他们的描述。

我们讨论了两类消费者分别看重的东西，以及他们的不同之处。

"Al 是一个门卫，他从格兰杰公司、格兰杰目录上的公司以及格兰杰分公司购买产品，而且都是在线购买。他有很多事要做，所以当他需要一个关键部件或支持服务时，比如螺丝、电灯泡、抽水机或某个提升设备运行状态和安全性的特殊产品，他总是很担心时间问题，想快点获取它们。"

我在 Al 一栏下面记下了"时间""便捷""质量"等词。

"Betty 是一名会计师或财务人员，下购买订单和批复订单的人都是她。她每天都与电子数据表打交道，计算各项预算，"他们告诉我，"她在公司的后台部门工作，在乎的是如何为自己的公司省钱。"

我们在 Betty 一栏下面写上了"价值"和"价格"几个词。

接下来几个小时里，高级领导团队围绕 Al 和 Betty 编了一个故事，解释了公司的 5 年策略愿景。当他们在一个大白板上画完叙事导图时，公司的策略愿景就被绘制成了一个简单清晰的逻辑大纲。

"所有参加会议的人都在同一个节奏上，我们非常兴奋地分享着这个故事。"约翰·波尔塔告诉我。

第一个挑战是向公司 200 名高级经理人讲清楚这个故事，而下一个挑战则是如何向他们简单地讲述这个故事。

公司高管团队决定放弃传统的讲述方法，不在展示中使用 PPT。相反，他们决定画图进行说明，并与经理人展开对话。

格兰杰公司总裁麦克·普利克（Mike Pulick）站在公司 200 名经理人面前讲道："我们想跟大家分享一个故事，这个故事中既充满了挑战，也有非常激动人心的情节。对我们的消费者来说，这个故事说明

了什么才是真正重要的，以及我们如何帮助我们的客户。"

"让我们从战略的中心部分说起。"说着，普利克拿出一张白纸，将它放在一台旧式投影仪里——也许你在高中生物课上看到过这样的投影仪。他用马克笔画了一个圆圈，表示这是叙事导图的重点。他又在圆圈的第一个位置处画了一个带状图形，表示这是消费者的首要选择。

他将马克笔交给高管团队中的一名成员，这个成员画了第二个图形和图示的第二部分。领导团队的成员就这样一个接一个地画下去，白纸上渐渐出现了时钟、钞票、Al 和 Betty 的简笔画以及其他基本图形，他们就这样向大家阐释了公司的 5 年策略愿景。

"人们都看呆了，"波尔塔回忆说，"公司的领导团队从来没说得这么清晰和简洁过。这种展示充满了力量，听众在 40 多分钟的展示里聚精会神。而且，我们连一张 PPT 都没用过。"

然后是下一个挑战。总裁麦克拿起一张新的白纸，连同马克笔一起放在了投影机灯下。他邀请在座的经理人主动上来解释公司的 5 年策略愿景，以此来测试大家有没有听懂。

一名经理人站起来，拿起白纸和马克笔，重新画图解释了战略愿景。这位经理人出色地完成了这个测试，用了不到两分钟时间把这个故事重新讲了一遍。现场所有人都为她响起热情的掌声，喝彩声不断。

Al 和 Betty 的故事充满了想象力，使公司的高级经理人很快就听懂了这个战略——公司的愿景计划是什么，为什么需要他们参与，他们的服务对象是谁，是什么让他们变得独一无二，以及他们将如何执行才能取得预期效果。

整个案例最关键的部分在于不仅每个人都听懂了故事，他们还能自己讲这个故事。于是，这 200 名经理人回到各自的岗位后，又向自己的团队讲了这个故事——因此，这个故事得到了广泛传播。

[brief] **BASICS**

全力投入：热情和精力

热情不仅具有感染力，而且是一种清醒的抉择。

我曾帮助一家技术分销公司 CEO 向一群持怀疑态度的行业分析师们重新介绍该公司。十多年来，该公司员工齐心协力，努力向这些影响市场的力量提供合适的公司信息。

他把有关公司信息的叙述写得很紧凑，还对展示进行了多次修改。然后，我们一起前往波士顿与处于行业领先地位的 IDC 研究公司会面。我陪同他一起会见了一些重要人物，每次有人问"公司情况怎么样"时，他总能饱含热情、逻辑清晰地讲述自己公司的故事。他非常清楚地记住了我们之前用图示表示的叙事方法。

他告诉他们关于公司改革的故事，大家都被他讲的故事深深吸引住了。于是，小型的介绍会面变成了长时间的交谈。

在介绍期间，我对他说："我以为你要到明天才会说这些内容。"他回答："我想今晚就开始说。我们的故事非常棒，我已经迫不及待了。"

这一案例给我们的启示。

▶ **下定决心全力投入。**如果你没有全身心地投入，你的听众也不会投入；比起你说了什么，听众更在乎你是如何说的。

▶ **传递你的兴奋感和热情，两者都具有感染力。**如果听众感受到你的引导，他们就会紧跟你的思路。

▶ **记住：激情不只是一种情绪。**成熟的专业人士不会在意自己的感觉如何，他们总会带着信念去沟通交流。

对于格兰杰公司来说，那次展示是一个决定性的时刻，而它的影响力还在持续。《哈佛商业评论》（*Harvard Business Review*）引用了 Al 和 Betty 的这个故事，而其公司员工还在继续谈论故事里的两个角色。这个故事帮助人们将重点放在战略上，去做对自己来说真正重要的事。

格兰杰公司的员工自己重新画了关于 Al 和 Betty 的简笔画，并在以后的展示中再次使用了 Al 和 Betty 两个角色。有人给 Al 和 Betty 戴上了珠宝首饰，有人在开会时给 Al 和 Betty 预留了座位。他们甚至还制作了一个关于 Al 和 Betty 的音乐录影带。

现在，大家都在问"这将怎么帮到 Al 呢？"以及"这将给 Betty 带来什么好处呢？"

Al 和 Betty 的故事使格兰杰公司的 13 000 多名员工陷入了思考，他们思考自己该如何用一种个性化且简便的方式向类似的顾客提供服务。

大家都记住了格兰杰公司的战略愿景，因为这个愿景被展示成了一个简单的故事。Al 和 Betty 的例子说明了可以把图示、讲叙、交谈和展示的方法结合使用，这将是一个简洁的、能做到有效表达的强有力的工具。

第三部分

决断力

Brief: Make a Bigger
Impact by Saying Less

掌握决断力，知晓何时、何地需要精
简的表达。

第 11 章　让会议保持精益

如果用一个词来解释人类为什么没有开发，而且永远也不能完全开发出其全部潜能，这个词就是"开会"。

——戴夫·巴里（Dave Barry）

长话短说。设定会议时长，安排调解人适时散会，让大家回到各自的工作上，这种方式可以让会议保持精益。

攻克会议的缺陷

随便问一家公司的 CEO 就知道，很多会议都在浪费时间。

由哈佛商学院和伦敦政经学院经济学家完成的一项"CEO 做什么"的研究表明，"CEO 的大部分（85%）时间都与别人一起度过。他们的工作时间中，开会占去了 60%，剩下的 25% 用来打电话、开电话会议和处理公共事务等"。

一些机构文化迫使员工整天开会，他们的会议如同朝九晚五的马拉松。在会议开始之前、结束之后甚至周末，他们还必须花时间去完成在会上讨论的事。

当你开会时，你就不可能工作。你被困在会议室里，生产力几乎为零。

那么，简洁的表达如何使浪费时间的会议停下来？

在本章中，我们将探讨一些方式，使会议不再让人头痛，而会让人效率更高。下面列出的是一些简单的做法，我们若能做到，则可在该问题上取得不小的进步。

1. 会议时长。减少预留给会议的时间。一般可以提前预知会议需要多少时间。（为什么要一个小时？半个小时不够吗？）

2. 会议风格。改变基本风格。我们开会的目标常常是错的。（人们如果可以站着，为什么要坐着？会议被安排在哪里进行？为什么不用圆桌或干脆不用桌子？）

3. 强势者。让那个在会上从头说到尾、制定会议规则而最终导致会议失败的人退下。（为什么总是同一个人在说？会议真的只需要一个人来做展示吗？）

人们陷在糟糕的会议习惯里，被世俗的做法困住。不管会议风格怎样，表达都应该简洁。人们应该尽早在会上说到要点，用最少的时间实现更多的目标。

会议缺陷 1：会议时长

人们预留给会议的时间过多，所以常常在会议上浪费时间。修改你的会议计划，只留下必要的项目。

如果你讲完一件事只需要 7 分钟，就不要预留 10 分钟。就像妈妈经常跟我们说的那样：吃多少、拿多少，不要往盘子里放太多东西。尽管 3 分钟也许看起来并不长，但这种坏习惯会导致累计浪费几个小时。你给自己的时间比原本需要的时间多，就相当于把宝贵的时间扔进了垃圾道。

试想一下，将一小时的员工会议压缩成 30 分钟。如果所有会议都能准时开始、按时结束，那么结果会怎样呢？你也可以根据具体需求灵活调整会议时长，比如一场会议只需 21 分钟或者 14 分钟。

降低会议效率的另一个原因是准备工作没有做到位，目标不清楚。来开会的人要么没有做好准备，要么不清楚开会的目的。你来开会是为了做出决策？还是为了一起讨论？解释开会的原因可能会用掉 10 分钟。

为了解决这个问题，可以考虑在会议开始前 5 分钟安静下来，让与会者准备要说的观点、组织思路。会议一开始就说清楚开会的目的，让与会者用这些时间去准备自己需要的东西。这样做能防止没做好准备的人在会上滔滔不绝、逻辑混乱，从而浪费大家的时间。

也许会议开始时出现的沉默看起来很奇怪，但短暂的沉默却能让与会者按照要求做准备，从而清晰地表达观点。

会议缺陷 2：风格

在会议设计上，创新的空间很小。从制定会议日程开始到定好会议室，会议组织者经常在会议的最后归咎于过去的习惯做法，并以此为借口："我们这里一直都是这样做的。"但是，想要做得更好，你需要另辟蹊径，跟参会者进行互动。

将会议设计成简洁的风格更容易获得成功。一种方法是发言的人站在参会的人群之间，以此暗示会议不会开很长时间。这种办法很新颖，人们感受不到通常会议上那种舒适感。站着开会给大家一种超时的紧迫感，人们不会觉得会议要持续很久。这样做使每个参会人觉得时间更紧迫、会议目的更清楚，你会因此更快说到重点，人们也知道应该如何行动。

另一种改变会议设计的有效方法是不用 PPT。发言的人可以在会上使用视频和插图，甚至能即时把想法描绘出来。如果你让参会人用白板表达自己的想法，你会发现，他们的想法非常清晰，这样做参会者不会被一张又一张枯燥的 PPT 展示所折磨。当语言表达和视觉效果相结合，就会迅速产生一种持久的展示效果。

会议缺陷 3：强势者

一种随处可见的会议杀手是会议上那个强势的人。这个人的声音在会议上占支配地位，扼杀了会议其他成员相互交流的可能性。会上的大部分时间都是这种性格强势的 A 种人在说，这种情况可能与其级别、性格或在公司的职位有关。

下面列举了三种可以礼貌地停止这种声音的做法。

- **安排积极倾听的人参加会议**。指派一个善于积极倾听的人参加会议，这会使会议的节奏调整平衡。

这是个严格的角色。这个被安排做积极倾听的人不会立即发言，但会做记录，听所有发言人的共同思路。他 / 她的工作就是保证会议时间尽量简短，并且做出最后总结。当会议上那个占主导地位的声音开始偏离会议目的，这个积极倾听者就必须有所行动。

我曾参加的会议中有很多人都担任这个最高领导的角色。在一些会议上，这个角色是民主分配的，每次都由不同的人来担任。不管采取哪种安排方式，安排这种角色就说明会议不欢迎某种占支配地位的声音。

- **一次只让一个人发言**。另一种方法是使用发言棒。我家就有一个发言棒，虽然它只是个木头做的铲子，但我的家人太多了，孩子们都习惯在晚饭间讲话，所以需要用某种方法来保证每个人都有公平的讲话机会。只有得到这个铲子的人才可以说话，而其他所有人都必须听拿铲子的人说。对孩子们来说，这个铲子非常宝贵；而对我来说，铲子是很好的教学工具；看着大家拿着铲子说话，也十分有趣。

[brief] **BITS**

如果你什么都说，那么听众就什么都听不到

如果你无法逼迫自己删除一些不必要的信息，那么听众就有可能什么都听不懂。人们每天受到干扰的次数是 50 次，他们每隔几分钟就会查看一次手机，而且还要不停地参加会议。当你说到第三个词时，他们可能就分神了——除非你直接说到重点，删除不重要的信息。

- **制定发言时间段**。最后一个方法是给每人设定有限的发言时间，以此避免有人发言时间太长。应该事先定下规则，一个人只能评价一个观点，这样就避免了堆积效应。

还有其他很多创意可以用到会议上，请参考这些书籍：兰西奥尼的《该死的会议：如何开会更高效》（ *Death by Meeting：A Leadership Fable...About Solving the Most Painful Problem in Business* ），斯特贝尔的《写给经理人员的有效会议指南》（ *The Manager's Guide to Effective Meetings* ），以及佩茨的《让无聊的会议吸引人：从会议中获得更多，或拒绝参与更多的会议》（ *Boring Meetings Suck: Get More Out of Your Meetings, or Get Out of More Meetings* ）。

改变形式和语气——把会议变成谈话

在担任美国第 82 空降军总指挥官之后，威廉·考德威尔将军就被派往巴格达担任驻伊拉克多国部队的战略沟通主任。基本可以说，考德威尔将军被选为伊拉克的主要媒体发言人。当时，伊拉克的情况并不尽如人意，充满了挑战，因此他被选中出任这一职务，为美国与伊拉克之间的沟通做出努力。

在考德威尔将军上任之前，他的前任都是站在讲台后向媒体发言。每周，他会做一次发言，发言的结构完整、形式正式以及内容都是预先准备好的，评论是单向的，留给媒体提问和回答的时间有限，这种发言听起来像在做讲座。

但考德威尔将军不一样。他对媒体感到陌生，站在一群媒体面前发布新闻让他感觉不习惯。他知道，这样的方式对自己来说行不通——对听众来说也一样。因此，在下次对媒体发布最新消息时，他在会议室中间放了一张办公桌，搬走了讲台和一排排的座椅，重新布局了会议室。来自 CNN、《纽约时报》、BBC 的新闻媒体记者围着办公桌就座，而他则坐在办公桌后面，与他们就伊拉克的局势展开对话。

考德威尔将军采取的方式是出乎媒体意料之外的，这让他们有点不知所措。然而，威廉·考德威尔将军却非常尽心尽责，确保自己不是在浪费媒体的时间。他心里明白，在新闻发布会上，自己讲述的故事即是媒体获得的信息。

考德威尔将军每周都会为新闻发布会做准备。通过画叙事导图，他将发布会的时间控制在 30~45 分钟之内。新闻发布会开始后，他走进会议室跟大家打招呼，然后说："我会用 10 分钟向大家介绍最新的信息，接下来的 15 分钟则是提问时间。"

在会议结束后，媒体却对考德威尔将军发布的信息更加了解。考德威尔将军并不像过去的发言人那样只是站在那里用 PPT、图表和图片说明战况，对他来说，跟大家进行交流更加关键。这种新的发言方式让媒体感到很自在，并且相信自己的问题能得到考德威尔将军的解答。

考德威尔将军还是有名的记录者。在和媒体的对话过程中，他会做记录，并记下对方的名字；如果那个人问的问题有了新的进展，他还会直接打电话与其说明。

考德威尔将军把伊拉克的新闻发布会从官方的叙述语调转变成了开放的对话形式。他大胆地改革了新闻发布会的形式，这一举措使驻伊拉克的战略沟通跟以往大为不同。

让简报回归简短

在大家心中，军事简报写得并不清晰、简洁，且不具有说服力。实际上，它们离清晰、简洁和具有说服力的标准相差甚远，它们一般都是让人头痛的 PPT 演示，其中堆满了条目和糟糕的图表，而且图片分辨率不高、图表格式糟糕。

乔丹是一名年轻的美国特种作战司令部军官，他在做军事简报时改变了报告的套路，没有采用标准的报告方式——最终他成功了。

乔丹和他的部队为一个作战计划准备了几个月，这个计划要交给一位四星级将军做最后批复。"如果这位将军批准了计划，我们就能执行了，"他说，"他的决定对我们来说非常重要，我们所有人都为这个计划努力了几个月，共有 25 个人参与了制订计划。"

乔丹他们花了很多时间去做计划、审查和修改计划书，他们为很多机构和国防部要员都做过报告。他们准备的 PPT 内容越来越多，最终页数增加到 40 多页。

"随着你一层层往上递交报告，所有的工作人员和指挥官都会删掉一些内容，每个人又会加入一些新内容，"乔丹说，"我们不希望PPT出错。"

但是，乔丹向那位四星级指挥官做简报的时间只有30分钟，所以他们必须减少PPT的数量。

"我们想把PPT压缩到8至10张。"乔丹回忆。

然而，在做最后简报时却出现了奇怪的转折。参加简报会的一共有十多个人——有来自情报部门的人、作战部门的人、参谋员以及乔丹所在部门的指挥官和部队成员。乔丹是主要的情报员。"这些人的级别都很高。"他回忆道。很明显，报告不被通过的风险也很高。

在简报会开始前10分钟，四星级指挥官身边的一名参谋把乔丹拉到一旁，给了他一些建议。

"所有四星级军官一看你的眼睛，就知道你是否清楚自己要说什么。所以不要担心PPT的事，告诉他们你的作战计划就行了。"他这样提醒乔丹。

关键性的时刻来了：他是该按照之前准备的那样用PPT讲，还是只跟指挥官进行一个简短的对话？

"我决定试试参谋的建议，"乔丹说，"我觉得使用PPT讲是我的安全网，如果谈话不顺利，我可以再返回去用PPT讲。"

即使乔丹在不使用PPT这件事上还有些犹豫，尤其是他所在的部队指挥官也在场，但他还是认为参谋的建议很可靠。他解释说："这个人知道自己在说什么，他比我更了解那位四星级将军。"所以，他决定接受参谋员的建议。

所有人都走进了会议室、坐下，手里拿着打印文本，等待那位将军现身。而将军因为有事迟到了，导致乔丹完成简报的时间比预定的时间更少。将军到场后，先向每个人表示了歉意并相互作了介绍，然后他向乔丹点头示意可以开始报告了。

乔丹说："在那时，这个计划要么被通过，要么不被通过。我们已经在计划上花了几个月时间，已经对这个计划非常了解。所以，我重点讲述了在常识层面上希望做的事，并且只在讲其中一点时给他看了参考图片。"

"因为我跟他坐得很近，跟他说话很方便。他也很投入，就好像我们之间在进行交流一样。后来，他问了我几个问题。在谈话快结束时，他转身面对每位参谋问他们的意见。"

"然后，他用一种非常愉悦的口吻说：'嘿，乔丹，你觉得这个想法好吗？'当然，我说'好'，每个人都笑了。他说'同意'。"

当你做好了充分准备、计划好了要讲什么时，要记住：人们更希望与你交谈，他们更看重你展示的清晰观点和展露出的自信。乔丹认为，如果在报告时使用 PPT 就是犯了巨大的错误。他解释说："那个指挥官刚开完另一个会过来，他每天要开 10~12 个会，要处理的信息非常多。如果我用 PPT 向他展示，他还要看完所有的文字部分、消化 PPT 上的图片，这个简报将很难继续进行。最后，他很有可能会说：'这听起来很好。让我跟其他人商量一下，再联系你。'所以我想，在简报会结束时，我们肯定得不到确定的答复。"

后来，包括他所在部队指挥官在内的很多人都对他当天和将军间产生的高度默契赞不绝口，甚至有人还说"将军就像对待自己的儿子那样对待你"。

这次简报结束之后，乔丹就对自己的大胆策略进行了大量思考，他认为，自己已经意识到"在大多数情况下，展示 PPT 对决策人来说内容远远不够，而对其他人和下级军官来说内容又太多。所有人都想保护决策人的利益，而在真正的简报中，PPT 并没有那么大的价值"。

- 你所在的机构例会可以采用上文提到的"站着开会"或"圆桌会议"模式吗？尝试一次，你就知道这种模式有多不同了。

- 在会议开始前问些关键的问题：会议的参与人、内容、时间、地点、原因和方式分别是什么？如果你清楚这些问题的答案，就能把会议带向正确的方向。

- 设定清楚的时间限制，并且让参会的人都知道它。指定一名积极的倾听者，以保证会议按时结束。

- 在会议开始就告诉人们这个会议需要多长时间，以及每个参与人负责讨论的问题是什么。事先做好准备，放弃使用 PPT，而使用对话的方式开会。如果你事先做好准备，大家会非常欢迎。

第 12 章　数字洪流的应对之策：留下更小的数字印记

我只能把信写长，因为我没有把信写短的时间。

——布莱兹·帕斯卡（Blaise Pascal）

长话短说。你发出的社交媒体信息和电子邮件要抓住重点，并且尊重企业经理人的时间。

数字洪流

我们每天的工作都要面对数字洪流，且每个人都身处其中。

玛丽·米克（Mary Meeker）和梁玉（Liang Yu）在 2013 年做的一个关于互联网倾向的研究表明，人们平均每天会查看手机 150 次！

每个人都离不开自己的电子设备，不管是在飞机上还是办公室里，不管是在去开会的路上还是在工作开始之前，人们在工作中、工作结束之后甚至在家里也在偷偷摸摸地玩电子设备。我们同样也离不开我们的智能手机、平板电脑以及电子邮件。

2012 年 7 月，麦肯锡公司发布了一份报告，报告中说，人们在处理电子邮件上平均占据了 28% 的工作时间。我们整天都在不断收到信息，而且把大部分时间都花在了追踪信息上。

人们每天淹没在成堆的数据中，却还在不停查看自己的 Twitter 更新，还经常被这 140 字的消息弄得无法专心工作。不少专业人士还会浏览 LinkedIn 的状态更新，去浏览有谁注册或注销了账户，以及浏览那些需要分享的商业新闻。我们沉溺于这些设备，它们产生了大量信息，而这些信息还未被人阅读就已被淹没在不断上涨的信息洪流中。

因此，在数字时代，我们需要遵守哪些行为准则呢？

你需要惜字如金，否则你将被列入白噪音之源的名单。人们不喜欢阅读篇幅太长的状态更新。对于 Facebook 用户来说，最讨厌的事莫过于点击"继续阅读"后却发现这篇文章废话连篇、毫无重点。以上说的这些社会媒体失态行为将会使你的粉丝大量减少，如果你无法在发布社会媒体消息时做到简洁，那么你很可能在自说自话。

你不仅要努力把信息长度调整到让人容易了解的范围内，还要想办法控制信息发布的频率。毫无疑问，你身边有人在网上不断更新消息，祈求获得别人的持续关注。然而你最终却发现，自己在不知不觉中被人屏蔽了。不要效仿他们这种坏习惯。很明显，这些人做不到自我控制，他们滥用新发现的网络自由，分享自己想到的任何事。他们错过了飞机航班或刚刚吃了一个美味的火腿三明治，我真的有必要知道这些信息吗？

很显然，这些人滥用他们的网络自由，他们发布的这些冗长无趣的信息可能会给自己的职业生涯带来限制——因为他们在训练这个世界，让其忽视自己。他们的意图可能是好的，但却没能做到简洁表达。

他们没有意识到自己发布、分享和传送的所有东西都应该是有价值的、重要的，而且必须说到要点（见图 12—1）。

图 12—1　叙事优于推销

有些人则是另外一个极端，他们把信息的发布标准定得非常高。他们发布的所有内容都值得一读，他们写的电子邮件、更新的消息、分享的电子新闻都体现出其对分享程度控制到位，非常自律。

如果你和我一样，邮箱里每天都堆满了征订的新闻消息却根本没有时间去读，那么你只好下次再读或直接删除这些新闻。

什么因素会影响你决定读什么？每周，你必读少量精选的内容，对你来说，这些内容一直都很有吸引力。这些内容之所以会被你挑出来，是因为它们在用标题说话，分享的都是与你相关的、简短的信息，而且重点突出。它们内容不多，但是很有影响力。

经理人非常忙碌，他们不会在决定读什么内容上花费很多时间。所以，你分享的数字信息必须符合他们的标准。

用电子邮件举例。我认识的一个经理人为了控制自己写电子邮件的长度，使用自己的智能手机来编辑邮件。他把每封邮件的长度都控制在手机小小的屏幕范围内，收件者不用翻页就能读完邮件。他明白，只要自己用手提电脑写邮件，就会开始写一些没用的话。"我的上司很忙，经常在奔波的途中看邮件，所以我必须把邮件写得短些。"他坦白道。

在本章中，我们将一起浏览一些成功的案例，看看案例中的人如何留下更少的数字印记，但却给人留下了更深刻的印象。

精简名人堂：维恩·哈尼什

维恩·哈尼什（Verne Harnish）是精简表达方面的大师级人物。

他是《财富》杂志的专栏作家，也是"精简表达"的代表人物。作为企业家组织的创始人和全球高管教育培训公司 Gazelles 的 CEO，维恩·哈尼什的客户主要是 C（chief）层次的高管，他给高管们发的每封邮件、每条新闻和消息都有大标题，并且都是经过反复锤炼的。他发送的每条信息都明显地表现出为使信息更加清楚简洁而做过的精心准备，他的每封通信都表现了这种纪律性。

- **标题吸引人**：他发的信息中总会包含粗体字，而这强烈地吸引了读者的注意力。

- **内容的长度在读者意料之中**：他写的段落从来不会很长。

- **行文紧凑**：他从来都不会写没用的东西，所写的内容都具有很强的相关性。

- **省时**：他写的内容中通常有直接的说明，从"请花 3 分钟阅读这篇白皮书"，到鼓励读者每天阅读 15 分钟。

如果哈尼什的读者按照他的建议去做，他们便不会浪费时间。哈尼什明显很在乎而且尊重他人的时间。在他发布的每条新闻消息中，他都会建立一个平衡的框架，告诉读者哪些信息是他们应该知道的，而哪些信息不重要。

他的策略也对我产生了很大影响。他不仅告诉我应该用主要资源来支持大标题，还告诉我这样做的重要性。

他写的专栏也遵守简洁的法则。他在《财富》杂志上的专栏每次都只有 5 张贴士那么长，他解释："我最多在每张贴士上写 75 个字，而用不到 75 个字去表达可信且有用的信息非常困难。但是，这是一个很好的训练，而且很有必要，因为这是市场的本质要求。"

"这些专栏的主要阅读者都是成长型公司的 CEO 和经理人，就其性质而言，要获得这些人的注意非常困难，因为他们太忙了。"

当哈尼什努力为所写的新闻信息寻找一个吸引人注意的标题时，他就像个新闻记者那样思考着。这些信息或许能获取社会媒体的瞬时关注，但你还需要花时间思考如何用尽可能少的字表达自己的想法。

"我知道，自己在想标题上花费的时间与写文章所用的时间差不多，甚至前者所用的时间更多，"他说，"我认为每位领导都有必要练习写好标题。"

哈尼什用这种方法写信息，因此那些事务繁忙的经理人用30秒钟就能看完他的新闻信息，并且能看出其中是否有对自己有用的信息。他们被哈尼什发布的所有内容所吸引，所以哈尼什拥有如此忠实的粉丝。

"我明确地告诉他们看完我的文章需要多少时间，他们因此可以决定现在就看还是晚点再看。"哈尼什说。他强调，所有经理人都应该练习简洁的沟通。

"你只需进行简单的陈述。这并不是说文章的内容简单，而是你要让读者很容易就看完并理解它。"

如果你希望自己的想法或信息被他人听到或看到，最好尽可能少用繁冗的词语表达。

简洁地说明你所做的工作，听众才能因此进行区分，从而接收你的信息。

从社交媒体到风险投资

即使是一件简单的网络奇闻轶事也有其影响力。布兰迪·坦普尔（Brandi Temple）把自己的故事变得更加简单，使其生产的产品易于分享、可在线出售，并因此为她的童装公司 Lolly Wolly Doodle（简称LWD）赢得了 2 000 万美元的风险投资。

据布坦普尔说，LWD 之所以成为社交商务的改革者，是因为其公司的故事非常简单，而且具有影响力。LWD 不仅使用社会媒体来展示公司产品，而且还通过 Facebook 和公司网站的购物提醒实现了其 60% 的销售量。

"最开始，我把消费者当作传声筒，并以此试探消费者的意见。每天，我都会在（公司的）Facebook 首页分享我的故事，并根据消费者的反馈设计衣服，"她说，"反过来，消费者会为品牌做宣传。LWD 今天取得的成功，在很大程度上要归功于同忠实粉丝建立起的这种关系。"

公司在 Facebook 上发布的每条消息都不超过 30 个字，这些消息不仅描述了产品的产地、价格、可供选择的尺码，还附有一张衣服照片。在每条消息发布后的几分钟内，粉丝就会留言说明自己想要的产品尺码和颜色。这种方式很奏效。2013 年夏天，我同布坦普尔进行交流时，LWD 公司在 Facebook 上的粉丝已经超过了 605 000 人。

"起初，我想给两个女儿买衣服，但却找不到我喜欢的，所以我开始自己动手为他们做衣服，"她说，"我开始只想缝衣服，但后来做的衣服太多了，就想把多余的衣服放到 e-bay 上卖，后来又把它们放到了 Facebook 上。接下来的事就自然而然地发生了。"

LWD 的制造模式吸引了投资者，因为 LWD 能够及时地、一对一地回应消费者的需求。

"我们只生产消费者预定的衣服。而且，我们一直都根据消费者的要求去设计衣服。"坦普尔说。

坦普尔的公司之所以能形成这样的反应模式，是利用了社会媒体的瞬时优势。

"体验经营公司的乐趣的最好方式就是分享我们的衣服，让消费者与我们分享他们的故事。"坦普尔说。

这个为坦普尔的公司吸引风险投资的反馈流程并不复杂。消费者在网上对其给予了简短的评论，布兰迪·坦普尔在看了评论后也做出了相应回复。LWD 公司的忠实粉丝在网上分享着一个简单、短小的成功故事，继续推动着坦普尔公司的业务发展。

社会媒体中有很多精通精简表达的人。你发布的内容会被不计其数的人看到，所以，请务必做好精细的准备，满足消费者对精简表达的期待吧。

压缩社交媒体表达

如果对你来说，很难在 Twitter 上只用 140 个字发表想法，那么请你听仔细了。据企业社会媒体的领导者亚当·布朗（Adam Brown）说，像可口可乐、戴尔和 Salesforce 这样的领导品牌，它们的宣传理想字数会更少。

"实际上，最有效的社会媒体消息大概是 80 个字，"布朗说，"最能吸引人的品牌或营销观点的宣传信息字数差不多就是这样，实际字数可能会更少，而它们的宣传效果却比长度为 140 字的消息要好一倍。"

所以，现在该是让你的语言表达更准确的时候了。

据布朗说，社会媒体的演进以其推进简洁表达的程度为特征。博客、微博、Twitter、instagram 以及其他社会媒体都越来越强调把沟通变得更简短，以便充分在网上创作和分享信息。然而，不可忽视创作高质量的社会媒体内容所付出的精力和努力。

"最近，越来越多的人对 Facebook 和 Twitter 产生了疲劳感，"布朗说，"阅读这些信息太耗费精力了。大家开始意识到'东西太多了，而我每天花在社会媒体上的时间只有这么多'。"

布朗认为，我们需要将现代的技巧与传统的方法结合起来，磨练在网络突出重围的技能。

"包含视觉内容的社会媒体其吸引力比只有纯文本信息的社会媒体强 5 倍，"他说，"社会媒体的下一个变化将是人们不用亲自参与内容发布的行为过程。你的脖子上可能会挂着某件物品，这件东西会每隔一两分钟给你照相，而且不管你去哪里都会自动记录你的位置，人们通过它就能知道你身边有哪些朋友，它会使你变得被动。"然而目前，主动就意味着要简洁。

布朗说，讽刺的是，我们所受的教育却在教我们繁冗的表达。最经典的教育方式就是要求学生至少要完成一定字数，比如，写一篇800 字的文章。然而，要想在社会媒体中吸引人们的注意力，就要做相反的事，而要尽可能地少写。

"这跟我们一直所受的写作训练是相反的。"他说。在当今这个时代，想要用文本形式成功获得观众的注意，就必须表达精简。

"大多数人都是在移动设备上浏览社会媒体信息，我把这种现象叫做'手握品牌'。人们可能是在地铁里或等待接孩子时浏览信息，"布朗说，"但他们有一个共同点：在看社会媒体信息的同时还在做其他的事。所以你的信息、对话或故事有必要变得更加简短。"

- 通过什么方法，可以使你所在机构的电子邮件信息或社会媒体发布变得更加简明扼要？

- 假设你是读者，什么样的标题和图像会吸引你的注意力，让你继续读下去？

- 怎样使消费者为你标记数字印记出力呢？让他们简要地告诉你自己究竟需要什么，我相信他们很快会回复你。让他们在线分享自己的成功故事。

第 13 章　精简清晰的展示从尊重听众做起

优质讲话的秘诀在于有一个好的开头和结尾，并且让两者尽可能地接近。

——乔治·伯恩斯（George Burns）

长话短说。让我们一起看看，一个精简清晰的展示是如何做到尊重听众并且吸引他们注意的。

练习展示内容

想到即将要听一场时间很长的布道，你可能就没法激动起来。

请想象一下，你坐在教堂里，牧师站在讲台前开始布道。而你可能在想："他要说多久才能结束？这对我来说有什么意义吗？他说的跟我以往听到的有什么不同吗？"

你会听得很激动、热清高涨呢？还是担心这位牧师会说太长时间？

当顾虑变成了现实，牧师讲了一个多小时的布道但却看不出要结束的样子，你是否会想："为什么听祷告会变得这么痛苦呢？"

因此，当轮到你做展示时，你为什么对你的听众做同样的事呢？你可能出于报复心理，因为你被其他演讲者这样对待过；不过话说回来，是什么让人们认为演讲的内容越多越好呢？

如果仅仅是"展示"这个词就能让你联想到 PPT，那么你需要重新反复思考。你需要考虑听众的需要和诉求，并且尊重他们的反馈。

当只有一个人面对一屋子听众时，高管们一般会很不习惯不用 PPT 做展示。但是，台下的听众却不在乎这些。如果你的展示拖沓且不切题，他们就会不由自主地走神，并拿出手机和平板把玩。

幸好，我们能看到一些对类似情况的补救措施。TED 所做的演讲，演讲者的演讲时间不得超过 18 分钟，而且对演讲大纲都有严格的要求。

在本章中，一些经验丰富的演讲者将会与我们分享他们的建议，说明如何对一群心不在焉的听众做一场有效的沟通。

简短的纪律

美国军队的准将瑞奇·格罗斯（Rich Gross）是参谋长联席会议主席的法律顾问，换句话说，他为美国军队中级别最高的参谋做顾问。瑞奇·格罗斯引人注目的原因很多，但他这种人很少见，他是一个话很少的律师，正如他自己说的那样："律师的诉书从来都不简洁。"

军人的生活比大部分市民的生活更为忙碌。格罗斯非常清楚，他的信息更新需要适应参谋长联席会议主席那繁忙紧凑的日程。

"国家安全方面的问题更加复杂和全面，"格罗斯说，"所以你需要将它同我们忙碌的生活、面临的复杂情况联系到一起，这就产生了大量信息、24 小时不间断的新闻讯息，我们能听到不断响起的黑莓手机以及时时刻刻与我们在一起的其他手机和智能手机的铃声。"

即使格罗斯处理的是一些最重要、最复杂的国家安全方面的法律问题，他仍然能将内容长度控制在一页以内。

"我们一般倾向于认为无法简洁地表达复杂的问题，"他说，"但你必须意识到人们有多忙，他们每天要处理成千上万件事。我总是提醒自己，'如果能用一页纸说完就不要用两页，如果能用半页纸说完就不要用一页'。"

格罗斯还在弗吉尼亚大学法学院（University of Virginia Law School）和乔治城大学法学院（Georgetown Law School）任教。他说，低效的律师在说明一个问题或案件时，总要将所有事都包括进来。

"他们在法庭总是尽可能地多提观点，希望至少能有一个观点有用，"他说，"我教给学生的一种技巧则是'最先亮出底线'，我在自己的写作中也常常使用这个技巧。最糟糕的事莫过于，当你读一个律师写的备忘录或法律意见时，要一直读到签名栏才能明白他的建议是什么。"

在写邮件和文件时，格罗斯总会让他的读者在读完第一段前就能明白自己的观点。

"在读文章的第一段或开头的一两分钟内，几乎所有人都会思考文章的内容将如何引导他们的思路，以及自己要获得什么信息，"他说，"如果你在文章一开始只是告诉他们一些背景信息，而没有告诉他们文章的观点，他们就不会积极去听了。"

[brief] **BASICS**

从"为什么"开始：一开始就说明问题

"为什么"是个非常有力的问题，它定义了你所在的公司正在试图解决的问题。

思考一下，你将如何描述像椅子这样的东西。你很快列出它的一系列特征：它是由四条腿、一块用来坐的地方、一个靠背和用木头或铁做成的。在商业问题中，这种描述可能还要加入企业发展历史、产品、位置和财务状况。

但你可能不会在描述中解释为什么会有椅子，或你的企业为什么会建立。

在《从为什么开始》（*Start with Why*）一书中，作者西蒙·西内克（Simon Sinek）说，大部分企业完全没有解释企业为什么会建立，反而谈了很多其他细节，比如企业建立的方式、地点、时间和投资多少，但却省掉了企业建立的原因，于是我们这些读者就看糊涂了（比如，你提到所在的机构成立于 1968 年，那么，那些内容为什么重要呢？）

要做到有效和高效的表达，你就需要说出问题的本质。比如，你有这把椅子的原因是，它可以在你站累时供你休息。你要解决的核心问题在于说明问题。先告诉读者原因，读者就会明白你基于原因所说的所有内容都是用来解决这一难题（比如，现在我弄懂了为什么公司过去这方面的内容如此重要）。

这一案例给我们的启示如下。

▶ **先回答紧迫的问题**。如果你在一开始就说清楚原因，人们会感到满意。

▶ **消除困惑**。如果你一点点展开细节内容，人们就能保持专注，并且可以弄清这些是如何联系的。

▶ **揭示核心问题**。你可以从"为什么"开始很快切题，讲清原因就能够说明文章的中心问题，且使其更为突出。

格罗斯还指出，人们通常会错误地认为，当开始新的话题或讨论时，大家的思路都在同一个频道上。"我们总是错误地认为，大家与我们一样有着相同的经验和背景。"他解释说。

如果你没能弄清大家是否都跟上了节奏，一些听众就会在你展示时把大部分时间都用来迫使自己集中注意力。

为了防止一开始就失去听众，格罗斯总是试图从客户和听众的角度出发来思考问题。

"人们常说：'了解你的听众。'但是，仅仅了解还不够，你必须能用他们的语言说话。"

格罗斯说，做到精简有效的表达需要遵守勇敢的、军人般的纪律。避免出现下列借口。

1. **你担心失去听众**。如果人们认为自己会失去观众、在辩论中败下阵来，或者无法完成自己应该做的事，他们就会说很多。要把展示做得尽可能令人信服，确保从一开始就吸引每个人的注意。如果你在准备时把功课做足，就会自然而然说清观点。

2. **你把心思都放在了看 PPT 上，而不是讲述内容上**。瑞奇·格罗斯偏好不使用 PPT。你要做的事是记住自己要讲的三个关键点，将资料了解透彻。这样，你就不用频频查看 PPT 了。

3. **你担心漏掉要点**。在一个学习的环境中，没必要担心自己会漏掉一些信息。你只要讲了主要观点，即使漏掉一些细节信息，其他人也不会比你更清楚；尤其是当你没用 PPT 时，就更难被发现了。

4. **你对讲述的话题很有热情**。如果演讲者饱含热情，他们往往希望听众能像自己一样热情。然而，拖沓的演讲不会产生这个效果；能做到这点都是有力的、令人信服且总结到位的演讲。

5. 你没有准备大纲的时间。没有时间从来都不是问题，你总会有做大纲的时间。不管是在脑海里还是在纸上，简单想一下你要展示的目的、三个关键词以及总结。对于任何成功的展示来说，这都是一个非常重要的过程。

如果一名美国军官能把军事方面复杂的法律观点简化到一页或更少的内容，你就没有做不到精简的借口。这可能是个挑战，但你可以事先做好准备，把观点尽可能表达得简洁紧凑。

让 PPT 展示更具说服力

芝加哥运输设备制造商纳威司达（Navistar）公司副总裁博纳多·巴伦苏埃拉（Bernardo Valenzuela）向他的上级领导做关于公司的国际扩张计划汇报——只用了 7 张 PPT。

巴伦苏埃拉注意到，一些做展示的领导者花了几个小时来支撑自己的展示，所以他决定来些不一样的。"我的展示简单、逻辑清晰，很容易让人理解，"他说，"我用前三张 PPT 讨论了我们目前的情况，介绍了一些背景信息，表明了我们存在的机会。在后几张 PPT 里，我告诉领导我们将得到多少利润，并因此吸引了领导的注意力。"

巴伦苏埃拉的展示非常成功，以至于后来他的领导让他又做了一次展示。

"他们那天晚上打电话给我，问我是否可以再做一次展示。"他说。

巴伦苏埃拉不仅用 7 张 PPT 展示了自己的信息，还设计了展示的框架，引出了最后的任务项：公司可能获得多少利润。大多数经理人被迫听了太多条理不清、拖沓冗长、结果不明的展示，所以，巴伦苏埃拉的上司才会迫切地希望他再讲一次。

巴伦苏埃拉所做的精简展示大受欢迎，他向公司高层领导展示了自己展示的价值和存在的客观性。该展示使他得到了公司领导的注意，更重要的是，为他赢得了领导们的支持。

像做 TED 演讲那样训练

TED 是一系列关于技术、娱乐和设计的全球大会。作为种子基金的一分子，TED 用 18 分钟或更少的时间展示了最好的演讲视频，以及其中蕴涵的最具启发性的思想。

TED 的演讲者和员工所用的语言都比较朴实、简短。他们知道，简洁就是尊重听众的时间和注意力。他们的使命很简单——"值得分享的想法"。你的想法也许值得分享，但分享的过程可能不太容易。

艾米莉·麦克马纳斯（Emily McManus）从 2007 年 1 月开始就一直是 TED 的网站编辑，为了在网上展示 TED 的哲学，她教员工们将内容简化，只展示内容的精华部分，就像 TED 演讲者们那样做。

"要想做到简洁表达，并且跟上当前趋势，一开始就要做很多努力，"麦克马纳斯解释说，"你需要投入时间去磨砺演讲的结构和内容。这需要你控制好演讲时间，引导听众去听最重要的部分。"

"你要在演讲开始后 5 分钟把故事讲到一半，"麦克马纳斯说，"如果你想压缩内容，最好的方法不是在全部时间内说完所有故事，而是讲一个有趣的小故事。"

只要听众了解故事的背景信息，就可以告诉他们最后的内容、鞠躬致谢，然后回到你的位子坐好。

"最好的演讲者讲的故事包括开头、中间部分、结尾，但他们都是从中间部分开始讲，"她说，"人们在讲某个话题时，需要具备在短时间内对这个领域做出概述的能力，他们列出一些难题，然后专注于问题的某个方面来进行讨论。"

在一次非常令人难忘的TED演讲中，伊丽莎白·吉尔伯特（Elizabeth Gilbert）讲述了自己发挥创造天分的故事。她深刻思考了是什么让人具有突破性的洞察力，并将人们的注意力集中在她亲身经历的一次出版事件上，这次事件获得了意料之外的成功，以及这一切都源于一个失控的想法。

面对很多听众做演讲会让人有很大压力，但事先做好充分准备可以很容易就帮你吸引到听众。另外，麦克马纳斯建议将文本给听众做参考，如果你的演讲遗漏了重点，听众会帮你注意到。

[brief] **BITS**

你说的内容越少，听众听到的内容就越多

我的一个朋友曾这样描述他的父亲："在我们的成长过程中，我的父亲并不爱说话。但他开口说话时，每个人都很关注他说了什么，你不会遗漏他说的每点内容。"如果我们说话时做到非常谨慎、有控制力，而且自己也意识到这点，我们就能做到说得少、但听众听到的多。

"我教给员工的一个说话技巧是找动词。如果你使用的是'to be'形式，就很可能就错失了一个有力且吸引人的动词表达。"

你可以借鉴TED的官方标准，使你所做的展示像TED的演讲那

样有价值。TED 的官方标准中叙述"不鼓励做太长的演讲，不需要讲台，不需要太多的阅读内容"，要求演讲者用"一两个句子"说清楚自己的想法。

如果你做不到这点，你可以返回查看前面参考画板上的相关内容。你在下次做 PPT 时，可以将 PPT 的数量减半、再减半。

甚至，你可以像我们在前面的章节中讨论的那样：不需要 PPT。

请登录 TED 网站 www.TED.com，观看一些热门的演讲，留意演讲者们是如何使用简单、清晰、精练的语言进行表达的。

如果你的听众想要了解更多的信息，他们会主动找你。所以不要担心，只要你珍惜他们的时间，他们就会把你当作宝贵而客观可信的信息来源。

第 14 章　整理你的销售说辞

我的雄心壮志是：别人用一本书说的话，我用 10 句就能说完。

——弗里德里希·尼采

长话短说。买家和卖家都能从简短切题的销售说辞中获益。

闭嘴就能卖

所有的人都在接受他人的想法，或者在说服他人接受自己的想法。不管你是说服的一方还是接受想法的一方——不管你是卖家还是买家——在精简表达这方面，做得好的和做得糟糕的人你都见过。

在我的职业生涯早期，我的第一个销售经理曾这样明智地提醒他的新同行："不要从头说到尾——学会适时闭嘴，然后东西就卖出去了。"这句话大胆地说明了简洁表达的重要性。虽然人们倾向于认为话说得越多表示你越聪明、准备得越到位，所说的越令人信服，但是，事实却往往相反。

每个人都应该简短地回答。

在这方面，我见过太多失败的例子：销售人员过度激动、热情、兴奋，或者解释过多。相反，如果双方的交流更像在交谈，或者多问对方几个问题，情况也许会好得多。在销售过程中，积极倾听的作用非常关键，但这种方法却很少有人使用。

不管是你买家还是卖家，在交易的过程中，都应该给人以一种平等、尊重和有控制力的感觉。

[brief] BITS

叙事，而非推销

比起听销售推介，人们更愿意听故事。据《故事证据》（*Story Proof*）一书的作者肯德尔·黑文（Kendall Haven）说："人们渴望听故事，而不是听学术演讲、讲座、信息文章。"讲故事这门艺术已经失传，我们亟需重新掌握这门艺术。说服也是一种艺术，但比起讲故事，后者总能让人满意，而推销总让人感觉冰冷。

保险杠上的广告

克里斯蒂·福克纳（Kristi Faulkner）是纽约 Womenkind 广告公司的总裁兼创始人，Womenkind 公司曾在 2012 年上过 AMC 电视频道的 "The Pitch" 真人秀。在节目中，Womenkind 公司要同其他公司竞争一个客户，克里斯蒂·福克纳说，竞争的说辞是否简洁是决定胜负的关键考虑因素。

她非常清楚，在广告的世界里，要么剪，要么被剪。

"我认为需要非常简洁的想法，想法的字数三个优于四个、四个优于六个，”她说，“当你试图向某人表明你的想法时，你必须说得非常清楚，便于交流。”

福克纳说，在销售过程中，简洁的想法更能打动和激励潜在客户。

“你可能认为同客户说的越多，销售成功的可能性就越大，但事实并非如此，”她说，“专注于一个目标反而会有更好的机会。”

福克纳坚持一次只说明一个想法，人们很快就有了回应。“人们很快就接受了这个想法，而且很依赖它。”

但是，想让每个人都跟上核心思想，并不那么容易。

“你需要把它尽量简化，尽量用最少的字来表达它，”福克纳说，“这样，人们看不懂和跑题的情况会减少，你表达的字数越少，意思就越清晰。”

福克纳常用一些成功的广告语来举例。例如，20世纪60年代，大众汽车推广甲壳虫系列汽车所用的广告语“想想小的好”（Think Small），甚至还包括“独立宣言”。

“你需要把想表达的信息简化到最少的字数，”她说，“字数应该少到能放进广告牌或保险杠贴纸。”

她还说：“人们在缺乏信心或安全感时，通常会多说几个额外的字。如果你觉得自己的想法需要解释，那只能说明这个想法还不够好，这就是写作方面的问题了。写作就是不断重写、修改，这个过程虽然枯燥，但写作的真正秘诀就是这样。”

即使福克纳现在已经是一位成功的创意领袖和企业家，但她仍坚持认为，有时很难对自己的公司进行描述。

“很难，我认为这也许是每家公司都存在的难题。”她坦诚地说。

经过一番努力之后，福克纳将 Womenkind 公司的品牌口号成功提炼为："只为尊重女性经济实力的沟通宣传。"

"我们想告诉那些爱说长篇大论的人，他们说了那么多，但真的让人记不住，而且并没有什么说服力。"她说。

福克纳公司的标语开门见山，直接承认了女性的经济能力。她的公司之所以成功，是因为其专注于解决这个问题，而且尊重女性的消费实力。

简单的宣传标语让福克纳的公司脱颖而出，你的广告也应该这样精练，朗朗上口。

开始以简洁服人吧

埃利·马阿卢夫（Elie Maalouf）是一名经验丰富的企业主管，也是全球食品和饮料特许供应商 HMSHost 公司的前领导人。在其职业生涯中，他曾多次向多个董事会做高级的销售展示。

马阿卢夫清楚，即使有很多成功的经验和建议，但你仍然需要在展示的过程中说服董事会成员。他说，在关键时刻，要根据听众的需要对你的材料进行"量体裁衣"。

"在董事会会议室里，进行简洁表达的关键在于永远用问句开头，董事会成员已经知道应该问哪些问题，"马阿卢夫说，"你必须对分享的平台和信息感觉良好，首先了解彼此之间的共同点至关重要。"

对销售展示来说，这些方法也说得通。不要再浪费时间向客户介绍你自己，因为他们已经通过某种渠道了解到你的基本信息；你要做的是说服他们，让他们了解为什么你的建议值得他们支持。而仅仅分享他们不知道的有用信息，会使你的展示变成你们之间的对话。

[brief] **BASICS**

电梯演说：原因、事件、结论

一个完美的电梯演说能让你在短时间内传达出有关企业的信息，这些内容鼓舞人心，而且让人印象深刻。

在一次大型校园招聘会上，来的都是一些世界 500 强企业，我的公司 Sheffield 是其中规模最小的一家。然而，想跟我们公司进行交流的求职学生排起了长队，我们的队伍是所有公司里最长的。

我们简单利落地讲解了公司业务的发展情况，就像进行电梯演说一样，这样的宣讲方式很快就吸引了求职学生的注意。他们想听听我们公司有关"大卫对决哥利亚"（David versus Goliath）的神话，想知道我们如何灵活地把重点放在叙事上从而击败那些大型机构。当我们谈到公司会如何为文科专业学生创造实现他们抱负的就业机会时，他们对我们讲的内容非常感兴趣。

招聘会上，很多学生与我们进行交流，招聘会联络员对此感到很震惊，她问："你告诉了他们什么？"于是，我对着她做了一次我们的电梯演说。45 秒钟后，她笑了："你知道吗？今天来的许多招聘人员，尤其是那些大公司的招聘人员，他们并不能像你这样清晰地说明自己的公司究竟是干什么的。"

这个故事给我们的启示。

▶ **故事要短**。故事要很快激起听众的兴趣，并且给人留下深刻的印象。

▶ **主动邀请他人交谈**。你不仅要吸引他人的注意力，还要让人参与进来，跟你一起交流。

▶ **产生真实的兴趣**。要避免无意义的独白，确保人们能感受到你在邀请他们参与，并且提问。

"人们用一半的时间来聊自己、聊公司的历史和产品，但消费者却想听你们的不同之处以及哪些地方更好，"埃利·马阿卢夫解释说，"我希望这能引起大家的注意和讨论。在谈话结束前，应该是双方进行沟通对话；在谈话结束时，才是聆听展示者一个人的声音。"

"只是重复说过的东西会削弱展示的影响力，浪费时间。我欣赏那些了解状况的人。"

在这些场合中，控制好时间非常重要。正如马阿卢夫所说的那样："如果你无法在讲话开始的 5~10 分钟内展示出不同的、有价值的东西而给听众留下印象，那么在接下来的 20 多分钟里，无论你说什么他们可能都不再关心，因为你在前几分钟给人们留下了不好的印象。"

观察听众的身体语言，判断你说的话对他们产生什么影响。你可以判断听众是否真的听懂了你说的内容，以及他们是否有人想让你停下来或已经走神到其他事上。埃利·马阿卢夫说，像机器一样连珠炮般的谈话通常都会以失败而告终。

"慢慢地说，去感受会议室的氛围，弄清具体情况，你就能在该停的地方停下来问个问题，"他说，"当人们纠结一个问题却得不到解释时，他们就无法跟上你的思路继续往下听。"

除此之外，你在任何时候都应根据当时的情况做好即时精简展示的准备。最近，马阿卢夫向一位印度 CEO 做展示时就遇到了这样的事，他的展示时间从两小时被压缩到了半小时。所以，不要被所料不及的变化打乱阵脚。

"我总是假设自己的演讲时间比之前预留的时间少一半，"他说，"你无法预知演讲会不会延迟开始、提前结束或在讲的过程中被中断。"

当你准备走进会议室时，记得丢下你的 PPT。如果 PPT 能帮你在脑中形成演讲的要点大纲，你可以用 PPT 做准备。但是，如果你在展示时不用 PPT，会让人觉得你准备得更好、更充分。

"我不用 PPT 做演示，但我会准备得让人看起来跟用 PPT 的效果一样。我会提前准备好话题，不断地排练，直到我能自信、自然地讲出来。"

请记住：简单和清晰的表达并不是指琐碎和幼稚。向你的听众清楚地传递正确的信息、快慢得当，让他们能跟上你的节奏。

"简洁不是指信息缺乏或内容不足，"马阿卢夫说，"简短地表达，让听众对你说的内容产生信任感。"

瞄准顾客的追求

汤姆·瑟西（Tom Searcy）是大客户销售方面的专家，他回忆起一笔因 IBM 展示人员未能在短时间内回答他的问题而错过的价值 2 000万美元的交易。虽然买卖双方在展示前都深信 IBM 公司最终会拿到销售合约，但做展示的人彻底错失了交易目标。

在展示开始大约 20 分钟，瑟西打断了展示人员："抱歉，先生们。我尊重你们的时间，如果你们也愿意尊重我的时间，我会非常感激你们。所以，请让我来告诉你们今天想听的内容。"瑟西告诉做展示的人需要回答哪些具体问题，但他们却回复："我们待会会说到这点，现在我们想先给您展示一些其他的东西。"然后，他们继续按照之前预设的顺序向汤姆·瑟西做展示（见图 14—1）。

图 14—1　尊重他人的时间

　　时间又过去了 20 分钟，但是做展示的人仍然没有提到瑟西希望听到的内容。

　　因此，瑟西再次打断他们："我必须说清楚。现在有三个问题需要解决，我相信你们可以帮我解决。但是，展示从开始到现在都没有讲到我说的那三个问题。你们能不能直接告诉我，你们将如何解决它们？"

做展示的人回答："我们绝对马上就要谈到这些问题，绝对的！"

时间又过去了 10 分钟，但他们仍然没有说到任何跟瑟西的问题相关的东西。所以，瑟西只好说："停下来。你们要么现在回答我提出的三个问题，要么请你们回去，等你们找到一个能回答我问题的人后再来。"

然后，不到 5 分钟的时间，瑟西取消了这次会议。他说："找一个能跟我谈那三个问题的人来吧。"

有些人不管展示进行得多么糟糕，都不愿改变自己做展示的方式，仍然固执己见。IBM 的展示代表所展示的内容与听展示的人完全脱离，并没有倾听他们的意见，毁掉了一场本可以做得很好的展示，也失去了一笔成功销售的机会。

- 想象一下，你与一位潜在客户在同一个去往办公室的电梯间里。你能在电梯到达目标楼层前完成你的销售推荐吗？练习在两分钟内说完自己要说的内容，记录所用的时间。

- 如果你是卖家，一定不要只专注于销售展示，还要倾听顾客的意见。你可以向他们提一些有深度的问题，从而判断出他们的需求是什么——并且认真倾听他们的回答。

- 不要以为你说的越多，就会让人听起来感觉你准备得越充分，不要犯这样的错误。经理人都很忙，他们会停止你的展示，把你淘汰出局。

第 15 章　精简是伟大想法最好的表达方式

人应该用平常的语言来表达不寻常的事。

——亚瑟·叔本华

长话短说。最好的思想都被解释得很简单。

你的伟大想法

几年前，我的姐姐突然有了一个好灵感，想要设计一种帮人们找出丢失的东西的设备。她非常兴奋，在一次假日聚会上跟大家说了自己的这一伟大想法。她并不是一个发明家，但她整晚都在说这个设备为什么会大获成功，以及怎样用它赚很多钱。

然而，当我问她这个设备是如何运行的，她很快就慌了，说不出更多细节。

"它一定会让我们赚几百万美元的，"她用抵触的口吻说道，"相信我，它一定会的。"

她在那一刻的激动兴奋让我想起了自己见过的很多经理人，他们都对自己产生的伟大想法非常热情激动，但也都错失了故事的关键部分。企业领导者会热情洋溢地谈论新的战略、使命、价值理念或文化，但他们遗漏了一个重要信息，即如何使发生的这些变为现实，也因此逐渐失去了听众。然而，他们却不明白人们为什么不能分享他们的观点、为什么不能跟他们保持同步并跟上他们的想法。

[brief] BITS

精简表达是产生洞察力和好想法的催化剂

当你有一个很好的想法，而且能立即以故事的形式将其清晰地讲出来，其他人就能很快知道这个好点子。简短而清晰的表达能让他人对你看到的、感受到的东西感同身受。阻碍产生好点子的障碍已经不计其数，所以我们要清晰简洁地表达，用这种技巧让好点子得以表达出来。

在给一个重要的想法搭建框架和跟其他人分享这个想法的过程中，简洁表达起到非常重要的作用，它能使人们更容易理解和更快地解释这个想法。简洁表达可以防止一个好的思想迷失在高超的炒作中或淹没在琐碎的细节里。

让我们仔细看下这些例子，它们中既有成功的军事战略家如何用叙述的方法梳理组织复杂的军事任务战略，也有企业家如何挣扎着走出迷雾并提升自己突破性的理念。

关键任务叙述

艾瑞克·汉德森（Eric Henderson）上校是位颇有远见的军事专

家，他信奉叙述方法具有的战略价值。当他同美国陆军第十山地师一起被派遣到阿富汗南部时，他决定使用故事叙述和简洁表达的方法来简化说明自己的部队是如何构思和解释战略计划的。

"我希望把这个计划形成一个简单的叙述框架，"他说，"人们习惯于听各种故事来了解世界，我相信我们可以把自己的计划变成一个故事。"

一年后汉德森上校回国，他给我打过电话，留下了两个字的语音留言："有效。"

"我非常幸运，与最好的高级沟通组一起共事了 25 年，"他后来告诉我，"我的公共事务主任完全明白我说的，只要我用叙述的方式跟他解释一下过程，他就会说，'太棒了！'"

总指挥官相信汉德森上校说的话，几个副指挥官相信他说的话，他的上级也相信他说的话。汉德森上校说，能取得这样的效果非常不容易，因为这样的默契在军队中并不常见。

"我们有强有力的证据表明，我们所讲的叙事方法在实际操作领域占主导地位，"他说，"我们的敌人甚至都开始谈论我们所讲的故事和采用的方法。人们开始用我们的方法来解释事物，而不用他们自己的。"

"当你同一位阿富汗重要领导人坐在一起时，他会说，'让我告诉你现在的情况吧'——然后，你就能听到他在用你的方式来讲述——这时，你就知道自己使用的方法行得通。"汉德森上校说。

汉德森上校所在的沟通组的一大任务就是让部队其他人理解其核心内容："我们试图把军事行动的执行理解成是一场听众参与的戏剧、一个故事。"

他解释说，甚至连他的指挥官都很信奉这个简洁的表达方法："指挥官的一半任务是要保证所有人都以同样的速度向共同的方向前进。如果你说的话充分说明了计划和动机，你所讲的故事确实能把计划讲清楚，指挥官就会一遍遍地讲这个故事，并且在他每次出去和说话时都会讲。"

据汉德森上校说，有时，指挥官还需要将 40 页的行动计划压缩成一个短小的演讲。

"你可以用隐喻法将长篇大论压缩成一张传单，而这张传单很重要，如果你写得好，它就会深入人心、得到大家的信任，成为真理。我们也是这样向高级司令部汇报的。"

[brief] **BITS**

只有简短，才能使表达更清晰

如果你觉得听到的内容很清晰，那么你掌握的内容可能比听到的还要多。你的想象力会将听到的内容进行加工，并将其运用到日常遇到的问题和策略上。你聆听的能力能够加深所听内容的清晰程度，而此时，灵感也就产生了。

使用灵活的叙事方式，艾瑞克·汉德森和其沟通小组很容易就将新的事件和问题以叙述的方式汇报出来。

"如果不使用故事叙述的方式，我们至少有一半行动看起来都很被动，"他说，"他们说，'噢，关于这件事，我们要说些什么呢？'然后，紧随其后的就是大量的内容，让人感觉混乱不堪。然而，使用故事叙述的方式，结果就截然不同。我们不仅看起来不被动，而且从一开始讲的东西就是正确的,让人信服。使用叙述的方式能让你简洁地表达,相当于做了一个内容丰富的电梯演讲。"

他继续说:"使用这种方法,你会更善于解释。当事情发生时,沟通组织的角色不是去解释发生的事,而是去解释这件糟糕的事背后的逻辑。叙述通过一种迅速、简单、令人信服的方式来帮你做到这些。"

艾瑞克·汉德森上校在阿富汗任职期间,成功证明了运用简洁法则讲述一个连贯的故事将复杂的军事行动战略简化,使其更具凝聚力。不管你是什么职业、处于什么层级,所有人都可以使用叙述的方法去理解、调整和执行某个计划。

描述清晰,重点突出

韦尔恩·哈尼什(Verne Harnish)确定了决定企业成功的两种关键因素:清晰和重点突出,这些因素体现了精简表达的价值。他以Facebook 为例。

"Facebook 刚刚完成了一个疯狂的任务。2011 年 12 月,扎克伯格突发奇想:'天啊,我们竟然没有想到做移动手机应用。'于是,他让公司上下将全部工作重点都集中在这件事上,而这些你用一个词就能总结。"

Facebook 在第二年的 5 月推出了手机应用,从而使 Facebook 登上了移动设备。

哈尼什说:"对于企业家来说,这并不容易,因为他们患有注意力缺失症(ADD)。对他们来说,这件事就像灵光一现,他们很快就会被另一件事分神。"这些干扰常常使企业高管无法专注于自己的目标。

"这正是史蒂文·乔布斯在皮克斯公司学到的经验：团队只专注于做一件事时的力量很大。皮克斯公司只制作过动画《玩具总动员》（*Toy Story*），他们有这么做的优势和自由，完全可以把所有资源都投入到这部电影中。苹果公司每隔一年就能发布新产品的原因也是如此，与做电影一样，他们一次只专注于一个目标。"哈尼什说。

他继续说："在今天这个世界，突出重点比以往任何时候更重要，因为很多事都会分散你的注意力。如果你无法在某件事上做到彻底的投入，它可能就会以失败而告终。"

毫无疑问，当目标是单一的、确定的，那么我们对目标的描述和表达也会是单一的、清楚的———切就变得简洁了。

企业家面临的困境：信息凌乱

保罗·科孜亚斯（Paul Koziarz）和格伦·希姆库斯（Glen Shimkus）开发了一款适用于房地产经纪人的数字存档产品——Cartavi，而当他们向房地产经纪人介绍这款产品时，却发现很难将其说清楚。他们说的内容不但冗长复杂、模糊混乱，而且他们告诉投资者和消费者的内容也很不一样。于是，他们的目标开始变得混乱起来。

"作为一个创业者，开始做一件全新的事真的很麻烦，需要让每个人都能理解你所说的内容，"科孜亚斯说，"当我们发现人们完全没有理解 Cartavi 是什么时，才意识到简洁表达的重要性。"

不幸的是，科孜亚斯和格伦·希姆库斯的一腔热情最后以失败而告终。

"我们想用几个小时与人们讨论产品具有的全部特征和功能，并说明这款产品的用途，"他说，"但我们却很难找出一个让不同听众都能听懂的故事。"

　　我帮保罗·科孜亚斯和格伦·希姆库斯创造了一个故事，他们可以向所有听众讲这个故事。我们把全部事件都整合到一条信息中：他们使用科技手段帮助房地产经纪人，让后者更加娴熟地使用这种技术。他们对顾客的反应极为积极敏感，从而赢得更多的业务。他们这款产品跟Dropbox 类似，使用起来便捷、便于移动且安全性很高，能帮助房地产经纪人省掉业务文书工作，使其更加高效和专业，有助于其提升工作表现。

　　"我们能看到听众对此产生的共鸣，因为我们在谈论 iPad、手机和简单的用户设计时，他们都在点头，"科孜亚斯说，"他们认为，我们讲的这些内容对他们来说真的有用。他们希望能更好地应对客户的反馈，而对用什么方法做到这点并不关心。哪怕在夜里 12 点时，Cartavi也能帮他们更加积极、灵敏地回应客户。他们关心客户的需求，也因此变得更为专业，使业务量增加了不少。"

　　第二年，当 Cartavi 着手构建和完善自己的故事时，他们注意到，随着市场竞争越来越激烈，情况已经有所不同。

　　"我们发现，有些竞争者把我们的一些故事编进了自己的产品中，他们甚至在某种程度上模仿了我们说的一些东西。"

　　接下来的两年时间里，Cartavi 靠坚守着自己的核心价值逐渐发展壮大。

　　"那时，我们没有太多的资金，无法做广告或各种市场营销活动，"保罗·科孜亚斯说，"但我们成功建立了很多良好的关系，包括与DocuSign 公司的合作关系。现在，有越来越多的大型房地产品牌和机构使用我们的产品，他们把 Cartavi 看作解决自己文件管理需求的得力助手。这是我们第一步要做的事，但他们并没有意识到我们是谁。"

　　"公司的业绩增长曲线呈曲棍球棒形，它简直就是在直线上升，这太惊人了！"

[brief] **BASICS**

WIFM（这件事能让我收获什么）：说出回报和关键句

不管你是一名公司职员还是消费者，在每次议题中都会有一个主导性的问题，那就是："这件事能让我收获什么？"

"WIFM（这件事能让我收获什么）"是我在美国印第安纳州的特雷霍特（Terra Haute）学到的——特雷霍特并不是经济发展最好的城市，也不是最受欢迎的旅游胜地。我在那里同一个来自 Columbia House 的团队合作，Columbia House 因"用 1 美分就能买到 13 个 8 音轨的 / 磁带 /CD/DVD"而出名。我主要帮助 Columbia House 提升其做更新汇报的水平，做更新汇报是这家公司变革管理提议的一部分措施。

在工作期间，我同 Columbia House 公司的中层管理人员以及十几名监管人员密切合作。在一次关于如何从公司办公室分享新闻的课程结束后，一位女士对我说："我们可以讲述这些内容，但员工总是希望弄清一件事，那就是'这件事能让我收获什么？'他们想知道'我会因为这个而失去工作吗？'"

在那一刻，我明白了精简表达就意味着要尽可能迅速地发布新闻——不管是有益的回报，还是让人痛苦的关键话语，这些才是人们希望早点听到的内容。

这个案例给我们以下启示。

▶ **知道什么内容能激励你的听众**。如果错失了这部分，你从一开始就可能失去听众、失去他们对你的注意力、失去他们对你的尊重、失去他们愿意在你身上花费的时间或信任。

▶ **省略不重要的内容**。知道听众想收获什么，删除不重要的内容，尽量少谈带有目的性的内容。

▶ **总结性地发言**。就像讲出笑话的笑点一样，听众想听到你快速、果断地说到重点问题。

根据投资者的需要，量体裁话

妮娜·纳什夫（Nina Nashif）是 Healthbox 公司的创始人和 CEO，Healthbox 是一个旨在帮助发展中的卫生保健企业准备风险投资演说的平台。妮娜·纳什夫负责给创业者做培训，教他们如何恰到好处地说出投资者想听的内容，以便让他们做出最后决定。

"我们多次发现，这些创业者在谈话一开始就'抛出'公司的全部故事，"纳什夫说，"他们讲自己的公司有多么棒、他们在解决什么问题、他们在做什么以及所有爱他们的人。"

但是，未经过滤的信息并不会打动潜在的投资人。这些投资人想听的是创业者的想法，或公司为什么值得自己支持。

"大部分创业者都对自己正在做的事充满了热情，以至于认为其他人也喜欢他们所做的事，"她说，"他们不会思考'我们该如何用一种其他人能够理解的方式来说明自己的公司和业务？'"

[brief] **BITS**

事情一旦说清楚了，就不要总想着把它说得更清楚

完美主义者总想让事情变得更好、更好、更好……这已经涉及到表达的清晰程度。如果你已经说出了自己的观点，那么就不要试图把铅笔削得更尖锐，因为过于尖锐的铅笔很可能会折断。

妮娜·纳什夫解释说，一名创业者无论何时踏进投资者的会议室，都需要做好跟投资人随时谈论内容的准备："很多创业者只说一些通常发生的情况，而没有把谈话引到天使投资人更希望讨论的事上。"

例如，创业者需要分清风险资本家和天使投资人之间的区别，而对这两种不同对象不能采用一刀切的展示演讲。在纳什夫眼中，两者的区别在于："天使投资人有兴趣帮助创业者检测企业及其在市场中具有的吸引力；而风险资本家希望企业已经完成了那一步，并且想知道企业发展得如何，是否能成为下一个拥有亿万美元的公司。"

当纳什夫给创业公司进行面试时，她几乎立刻就做好了决定。

"当我给一个创业者面试时，我在展示前5~10分钟就能做出决定。我们问的第一个问题是：'告诉我们有关你们公司业务的一些事，你们正在努力实现的目标是什么？以及你们希望从我们这里得到什么？'"她说，"如果他们唠唠叨叨说了一个小时却说不到重点，那么我还是不明白他们在做什么。"

对于任何有好点子的人来说，如果想让别人接受自己的观点，那么其内容总结不该超过5分钟。

如果你的公司和业务有点复杂、一两句话说不清楚，你可以按纳什夫建议的那样开始："'我们的公司业务确实有点复杂，所以我将从更高的层面跟您分享我们期望达成的愿景。'然后，你可以围绕公司的业务模型或产品来谈论某个具体方面。"

"你需要思考如何吸引你的潜在投资者，让他们参与谈话，而不是只有你一个人在说却说不出什么重点。"

"我曾参加过一个会议，想从一家芝加哥健康保险公司CEO那里拿到300万美元的投资。我一直在想如何给他一些容易理解的信息。当我继续跟他沟通时，我知道他仍然对我说的内容很感兴趣，并确定我说的内容满足了他的需求。"

在谈话中，妮娜·纳什夫停下来问："您听我提供的这些信息感觉舒服吗？您是否觉得已经听到了足够的信息，同意让管理团队批复这项投资呢？"

这位执行官回答："我理解了你们公司的业务模式。"

纳什夫回答："您还没有回答我的问题。我在问，您听我提供的这些信息是否感觉舒服。"

这看起来也许有些过于大胆，但你的确需要一直确保听众在紧跟你的思路。如果投资人没有直接说明或暗示自己正在听你说话，你就无法知道他们最后是否同意投资。正如妮娜·纳什夫说的那样："如果不去观察，你就无法进行判断。"

如果你有一个伟大的想法，你是否能将其总结成几个句子？

- 对着家人练习用 5 分钟说完所在公司的新项目、目标或任务演讲，让家人为你做出真实的反馈。他们是否能听懂你说的内容？
- 如何使用"简洁"的方法来进行清晰的表达？

第 16 章　与人交谈的艺术

简明是一种光荣的语言表达方式。

——沃尔特·惠特曼

长话短说。即使在非正式的、灵活性较高的场合中，也要尽可能用精练的语言来表达有意义的信息。

简洁是交谈的救生筏

"口风不紧船舰沉"这句格言说明了一切。在战争年代，玩笑话从来都不受欢迎。它虽然并无恶意，但人们很可能因此把秘密泄露给敌方。在工作中，同样也是如此。

人们习惯在会议开始前、在走廊上、在去办公室的路上、准备下班回家时或在去吃午餐的路上与人闲聊，拉些家常。尽管这些闲聊听起来没有一点恶意，但这些交流却有很深的含义，甚至可能使你的职业生涯一蹶不振。

你必须用心经营自己的声誉，你在闲聊中的表现则是决定自己声誉评价的因素之一。正如媒体训练中所说的那样，"这些都有记录"。

例如，在一个周一的早晨，我去哈雷戴维森公司总部拜访客户。在其前台接待处等待时，我看到一个年轻人也在等待签到，他看起来就像一个第一天入职的新员工。

不一会儿，一个厨师从自助餐厅出来并经过大厅，他走到前台，帮助那个年轻人签到，并说："我不知道今天是几号，我感觉还停留在周日。"

这个新员工随口回答说："是啊，我也觉得时间还停留在周末呢。"

我不禁好奇："他的老板如果听见，会怎样看待他以及他所度过的周末呢？"像这样的话虽然毫无恶意，但却暗示了他在周末做过许多事，比如整个周末都在喝酒或私人生活太过放纵。

新员工通过分享一些私人的周末趣事来缓和跟老板之间的关系是一回事，但太过于迅速地像熟人那样聊天又是另外一回事。

不要让你的谈话听起来过于商务休闲化。如果你说话不经过大脑，那么你的新老板很可能会认为你做其他事也同样不经过大脑。

口无遮拦断送了美好前程

思考一下这个案例。弗兰克是一位有着大好前途的后起之秀，但他这天过得很糟。他因为说了太多话而给自己的事业发展带来了阻碍。

弗兰克之前任职于一家顶尖的美国制造公司，他凭着个人的不断奋斗从基层做到了高层，现在是该公司一个年营业额超过 5 亿美元的业务部门主管。弗兰克一直是公司的优秀员工，实际上，他甚至对其所在业务部门每年盈利的预测误差不超过 1%。他这种可怕的预知能力以及实现收入和盈利的能力也是其特有的标志。

很明显，弗兰克是一位强有力的管理者以及未来的领导者。他上

进、有野心，绝对是公司的核心员工。他能完成公司的预期目标，并以此弥补其他业绩不佳的业务部门所造成的缺口。毫无疑问，公司对他很重视，并对他有更大的期许。

然而，这一切都在他一次重要的公务出差后烟消云散。他同上司一起参加几个重要的谈判——谈判的目标几乎不可能实现，但公司对他们的期望很高，整个谈判环境都处于高压状态。弗兰克和上司已经认识很久了，实际上，弗兰克是因为上司才得到这份工作的。两个人进行了大约 5 分钟的谈话后，弗兰克放下了防备，大肆跟上司抱怨自己在严峻的挑战下感受到的个人和职业上的疑虑。

上司把他的抱怨看作软弱和缺乏职业奉献精神。很快，他的心中充满疑惑："弗兰克是不是太累了？我现在还能依靠他吗？在接下来的谈判中，他还靠得住吗？"上司对弗兰克的信心在动摇。

几天之后，弗兰克才意识到自己做了什么。几周内，他和上司的关系发生了急剧的变化。几个月后，他在离职协议书上签了字。

弗兰克随意的闲聊让自己远离了精英办公室。

你可以说这不公平，尤其是想到弗兰克曾为公司贡献过许多辉煌的业绩。但是，人们经常使用的是短时记忆，而且习惯很快就下定论。

你说的是什么非常重要。从你嘴里说出的所有内容都体现了你的能力，说明了你为什么是（不）适合的。

当你感觉糟糕、一整天都不顺利或沮丧失望时，不要说消极的话。相反，你干脆什么都不要说。否则，你很可能会说出沉闷的内容而使状况变得消沉压抑，反过来也会影响你自己和你的能力。

[brief] BITS

你想到的内容不一定都要说出口

小孩子和老年人有一个共同之处：不会将信息过滤。对这些人来说，脑子里想到的和嘴里说出来的是一回事。在谈话过程中，你的脑海中会想到许多事，但我们没有必要把这些事都拿出来和别人分享。试着想一下：如果你能适时保持缄默，你能省掉多少麻烦事？

- 当你觉得做事不顺心时，请问自己下面几个问题：
- 当我想与别人分享坏消息时，我有没有停下来考虑要说的内容？
- 我有没有注意到自己给别人留下什么印象？
- 我是否留意到自己说的消极的话很容易被曲解？
- 我是否记得（包括闲聊在内）自己所有说过的话都有记录？

说到做到

有一种简短的对话是人们在倒水喝时说的，比如拉拉家常；有一种简短的对话是议员在去参加会议或参加完会议回来的路上说的，这些对话就像浓缩的简报，能给议员带来重要的信息，让他们表现得更好。

在美国华盛顿，政策都是在边走边说时实现的——而且实现速度很快。凯蒂很清楚这种情况，她是一名在领导团队工作多年的职员，负责协调55位议员的时间日程。

对凯蒂来说，简短的对话意味着用几分钟的时间表达出大量信息的精华部分。每天，所有人都在围绕国会和其他国家事务工作，而高级职员希望能用5分钟完成每项日程安排。他们负责在会议期间通知议员——很多时候，他们只有几分钟时间去下载和准备议员在下一场重要投票或会议中使用的材料。

"在议员开会时，即使有事，工作人员也只能'略过'他们，"凯蒂说，"议员经常变动时间安排，全院表决经常使他们计划的会议和事务中断，所以他们的时间表一直在变动。"

凯蒂说，工作人员为了将全部信息汇报给日理万机的议员，会发给他们简短的电子邮件。通常，工作人员会对重要信息进行梳理，将其打印到一张纸上交给议员，并向他们作口头汇报。

"在去开会的途中，边走边说是我们通常首选的汇报方式，也是我们向他们汇报的唯一机会。你必须利用好他们去国会大厦参加全院表决或结束会议回来的路上这段时间，"她说，"你需要做好准备，只要收到提示，就立刻行动。"

工作人员工作中的压力就是需要保持冷静、镇定。如果他们感觉紧张，那么在汇报时就会胡扯或说不出什么；而议员参加会议表决时就会缺少必要的准备，他们会感觉尴尬和生气。

正如凯蒂所说，要做到用简洁的语言向议员汇报，工作人员需要有自信并做好允分的准备，并且具有渊博的知识。"你必须能用简洁的语言进行汇报，因为你只有 5~10 分钟，"她说，"你跟议员共处的时间要么是从参议院办公楼乘坐电梯去搭乘国会地铁，要么是步行去搭乘国会地铁，你只有这么多时间。"

而且，时间有限还不是唯一的限制因素。工作人员在汇报时必须接受严格的审查，有时则是当着党团内其他议员的面汇报。

"我觉得，要适应这种工作状态真的很不容易，不管他们在哪里，你都必须走进去向他们汇报。即使我的上司坐在一张巨大的方形会议桌边召开核心成员会议时，我也需要走到他身边，当着 40 多位议员的面将汇报的内容细声地耳语给他，"她说，"这让我感觉非常不自在。"

但凯蒂很清楚，不让不安、紧张等情绪影响自己的汇报非常重要。你的听众不论是议员还是经理，他们都靠你来迅速获取稳定可靠、有价值的信息。

[brief] **BITS**

当你听到的都是自己的声音，就表示你说的话已经太多了

我让工作坊的参与学员做了一次积极倾听的练习，要求他们跟别人进行一次简短的谈话。第二天，一位学员报告说，他用手机给妻子打电话，但电话断线了。当他再打回去时，他很清楚断线时妻子在说什么，因为他一直在积极地听她说。你有多少次电话断线却没有察觉，而还在继续说话？

凯蒂还说明了工作人员如何根据不同的议员来调整自己的汇报。

"你不用因为敷衍他们而说些没用的东西，"她说，"他们都是专家。他们只是时间不够用，就像得了注意力缺失症（ADD）一样，他们在工作时基本都是这样。"

凯蒂认为，如果听众已经知道了你所说的内容，那么你就是在浪费他们的时间。在高压和频繁变动的环境下，请你省省力气，只需告诉他们最新的和最重要的信息。

凯蒂还强调，要通过倾听来判断听众已经知道哪些内容、不知道哪些内容。她说："你必须清楚他们需要什么、希望从你这里听到什么，以及他们能够理解多少内容。他们头脑中需要处理许多事，所以

你应该尽可能避免增加他们的负担。"

"他们的压力非常大，过得并不轻松，所以你只需要告诉他们事件发生最重要的关键点——人物、内容、时间、地点、原因。"

凯蒂的团队在工作中还使用卡片来标记谈话的重点，将其叫作"手掌卡片"。所有共和党议员都有这样一张卡片，卡片上写着一条信息概要和三条谈论要点。这样，议员就能将一周的主要信息都装进自己的西服口袋里。

"你需要传达最主要的观点，"她说，"这样他们就能彻底理解并使用这个最有用、最有力的观点。"

你与听众也可以用这种方式交流，删减信息只留下主要内容，帮助他们理解和利用你提供的信息。凯蒂说："清晰的表达非常重要。你也许对自己正在做的事非常感兴趣，并且做了充分准备，但你必须能做到及时撤离，而不是沉迷于自己所做的事。你需要考虑听众的感受，而不要过于在意自己的话听起来是否高明。"

- 人在频繁发生或机动性很高的情况下容易变得紧张，比如在开会或高压的环境中。要保持镇定，临危不乱。

- 在说闲话时要稍作停顿，清楚自己究竟在说什么，并且重新判断要和别人分享什么内容。一个很好的经验是：如果你不想让上司听到你说的话，那就不要说了。

- 做好充分的准备和练习，在表达时简洁、自信。

第 17 章　面试中的精简表达

话要说到点子上，而且说完了就要停下来。

——艾里什（F.V.Irish）

长话短说。面试应该是有所控制的谈话，而不是紧张的独白。

不要因紧张而话多

即使是做了充分准备、业务熟练的专业人士，他们参加工作面试也会感觉紧张、不自在。

在面试中，简洁的表达起到非常关键的作用。简洁的表达能帮助你从人群中脱颖而出，问出高质量的问题，并学会倾听。

当人们紧张时，他们会开始说话，而且会说很多。如果你有给他人面试的机会，你会发现，他们在不停地谈论自己，希望能尽可能多告诉你一些内容。

面试是一个体现面试者控制力、纪律性和意识能力的机会。不要说个不停，要管住嘴，要在面试开始的 5 分钟内就给面试官留下积极的印象，与其进行交流。

在理论上，你也许是最优秀的候选人。但是，如果面对面试官时出现差错，你之前展现的所有能力很可能就白费了。

[brief] **BITS**

精简的表达是判定人才的标准

失业是一个持续性的问题，对最近毕业的大学生来说尤其如此。全球人才管理专家多萝西·道尔顿（Dorothy Dalton）说，精简的表达是面试成功的秘诀。"能做到精简的表达，说明你已经明白面试就是在进行对话，"道尔顿说，"精简的表达能让你克服紧张情绪，思考应对策略。如果你的表达很精简，你就能有针对性地回答。"

精简的表达就是你的武器——从做简历开始，尽量做到简洁表达。修改你的简历，突出自己做得好的地方，并把成功的部分写进去。不要给面试官一份 5 页长的简历，不要在简历中写上你全部的职业信息和教育背景。写一封优质的、重点突出的求职信，写一个对面试官选择你起决定性作用的原因。

好的面试者会遵守简洁表达的法则。他们的表达不拖沓，而且能说到点子上，让你未来的老板很快就能听明白你是谁、你曾在哪里任职以及你为什么能取得成功。你可以快速地讲自己的故事，人们能了解到你和简历上的描述是一致的。

你也可以与他们坐在一起，简单地聊一下自己，但不要让自己听起来像在推销某样东西。

　　你要花时间做准备。在面试的过程中，你知道该停下来问几个准备好的问题，对面试官来说，这样才能找到最重要的东西。

　　人们都不喜欢面试。实际上，一些面试官在面试中会说很多话，他们也会感到紧张。对面试官来说，面试是一个很好的锻炼简洁表达能力的机会。如果他们能少说点话、问一些更好的问题、更积极地倾听，他们就会对自己正在面试的候选人有更好的了解和判断。

　　在本章中，我将向大家展示一些面试案例。在这些案例中，人们本可以表达得更简洁。我们一起探讨案例中需要改进的地方，以便帮助读者得到理想的工作机会，或帮你找到某个职位的合适人选。

[brief] **BITS**

提一个高质量的问题，是做到精简表达的一种好方法

　　像记者那样表达是做到少说话的一种有效的方式。Seasoned Chicago 广播新闻记者查利·迈耶森（Charlie Meyerson）建议我们把谈话当作一个面试："事先做足功课。对于你想了解、询问的事，提前想出主意——但好的面试通常会发生你意想不到的事。做好准备，你可能会听到让自己大开眼界的答案，而你之前可能并没想过问这个问题。

让他人引导对话

　　正如我们之前讨论的一样，在商务会谈中，简洁的表达起到非常重要的作用，尤其是当你准备开始时。在面试时，面试双方都会犯一些常见的错误，而无法做到简洁的表达。

我的一个好朋友道格·黑德里尔（Doug Hinderer）是美国房地产协会（NAR）的人力资源部主管。在美国，房地产从业人员在得到美国房地产协会的确认和批准后能成为该机构的会员，也就是该机构官方指定的房地产经纪人。我的朋友黑德里尔在这个领域担任了 20 多年的高级领导人（见图 17—1）。

> 如果说一张图片的表达力度相当于 1 000 个文字，那么请想象一个视频的表达力度有多大。

图 17—1　视觉上突出

在他从业 20 多年里，黑德里尔看到了太多这样的例子。

"在面试中，候选人犯的最常见的错误就是说了太多的话，"他说，"一个训练有素的面试官非常善于保持沉默，如果他没有继续提问，就会让候选人感觉非常不自在。在大多数情况下，候选人会陷入圈套，而用说话的方式来缓解局面。他们会不停地说，这是个严重的错误。"

据黑德里尔说，失控的候选人会说出某些愚蠢的话或透露太多的信息，这些都只是时间上的问题。

"当我和人们讨论如何进行求职面试时，我告诉他们把面试看作一场网球比赛。面试官会提一个问题，你只需回答这个问题，回答好问题后就停下来，等待下一个问题。"

如果你能在面试中做到简洁表达，就说明你是一个自律的沟通者，并且具有团队精神。

说跑工作机会

许多优秀的候选人经常会把一个好的职位说跑了。这句话让人听起来很不舒服，但却是真的。

汤姆·恩哈德（Tom Earnhardt）是我的一个好朋友，也是北卡罗来纳州布拉格堡镇联合特种作战司令部的一名军官，他有许多辉煌的战绩。他曾经担任所在部门一个空缺职位的面试官，工作任务是面试候选人，寻找合适的职位人选。

恩哈德以前的上司为他重点推荐了一位女士，这位女士得到了他所在部门多位重要人物的支持。

这位候选人在筛选过程中的表现堪称完美，她以优异的成绩通过了一系列心理测试、深度的背景调查以及体能测试。她满足这个职位要求的全部必要条件，并得到了大家的一致认可。基本可以说，她只要再通过面试，就能获得这个职位。

"即便我们在进入面试会议室前就已经清楚意向中的人选是她，但为了公平起见，我们还是选择了两名候选人参加我们的面试。除了她之外，还有一名男性候选人。"恩哈德说。

这位女性候选人走进了会议室，她坐下后，他们就开始了面试。"从进来开始，她的表现都没有问题。"恩哈德回忆。

然后，有人问她："你为什么想来这里工作？"

她回答："我认为这将是一段非常有益的经历，可以把我培养成一名领导者。"

她的答案使恩哈德停顿了一下。

"她的回答让我们都有点吃惊，"恩哈德说，"你之所以来我们部门，是因为你想来这里工作，希望能成为我们中的一员。"

这位女性候选人的答案引起了下一轮提问。面试小组中询问她申请这个职位的原因越多，她就越关注自己。

"这是个螺旋效应，"恩哈德说，"她开始谈论自己以及有哪些抱负。她希望自己在几年后成为一名指挥官，所以她最多在应聘的岗位上工作两年。"

"有趣的是，她自己并没有意识到这个问题。她的回答引发了我们更多的提问，但她却把我们的提问视作对她感兴趣。"

然后，面试官小组问起她在伊拉克和阿富汗工作时所做的事。

"在像我们这样的机构中，申请者最不希望看到人们在这种情形下深入提问，"汤姆·恩哈德说，"她做的一直都是管理方面的工作，而不是实践工作。我们发现，在她之前的工作岗位中，她都没有得到工作技能上的训练。"

这个例子很好地说明了一个缺乏自律的面试者如何将对话引到错误的方向上。

"她完全理解错了面试官的意思，以为自己的回答会使我们对她更感兴趣，而不是引起我们的警惕，"恩哈德说，"也许她在那场面试中最应该做的事就是尽量不说话，因为坦白讲，我们在面试前已经决定给她这个职位。她只需走进面试会议室，别说出什么爆炸性的信息就可以了。"

最后，面试官小组让她去等候室等消息，他们对她说："我们还要对另一个候选人进行面试，然后告诉你结果。"

那位男性候选人的形象并不符合人们对司令部该岗位应聘人员的期待。但是，当他开口回答问题时，面试官听得很清楚，发现他不仅非常了解这个组织，还比第一位候选人更懂得应聘岗位时需要说什么。

"我们发现，面试情况很快发生了转折，"恩哈德说，"我从没遇到过这样的情况，那位得到重点推荐的候选人使我完全改变了主意，我们反而对之前并不看好的人亮起了绿灯。"

他们雇用了第二个面试者，他现在是指挥部首长。

所有企业的从业人员都有必要从这个面试案例中吸取教训。

"当你做报告时，要了解你的听众，"恩哈德说，"那个女性候选人没有注意到坐在桌旁的面试官们想听什么内容，没有意识到司令部想听她谈论对岗位的职业奉献精神。她没能理解自己的听众，而且说了过多的话。"

面试不应该是一个人的独白，而应该是一场交流和对话。试着把面试当作是一场"你来我往"的交流吧。

不管你在面试中是面试官还是候选人，如果你能做到简洁的表达，人们会认为你很专业，具有团队精神，能够遵守纪律，善于自我控制。下面是一些在准备面试时要考虑的事。

候选人需要考虑的问题

- **事先做好准备**。建立"简洁"导图，说清楚你适合这个岗位的原因。

- **讲故事**。用故事的形式分享几个成功的例子。

- **把面试当作对话**。仔细听面试官说什么，问些好的问题，保证对话的平衡性。

面试官需要考虑的问题

- **仔细倾听**。从候选人的回答中留意他/她说的关于自己的事，不管是消极的还是积极的方面。

- **前后各问几个好的问题**。前后各问几个好的问题，把候选人的话放在中间，这样你会感觉更自在，也不会在最后一刻表现得太着急。

- **不要推销**。如果你认为某个候选人很能干，不要过早夸赞他有多么好。

第 18 章　如何分享好消息

首先，医生告诉我一个好消息：有一种疾病将用我的名字来命名。

——斯蒂夫·马丁（Steve Martin）

长话短说。简单地分享好消息，突出其好的地方，这样人们就会想听更多的内容。

把精简表达发扬光大

在一本讨论精简表达的书中，有一章的内容都在讲如何分享好消息，这可能让人有点吃惊。当然，精简表达也适用于分享坏消息。那么，我们为什么要在分享好消息时练习精简表达呢？

所有人都喜欢听到一些积极向上的东西。但要注意的是，即使是分享好消息，你的角色也仅限于说出大纲，让故事变得更丰满，而不是盲目地讲许多内容。

当你分享一个成功的故事或成就时，需要给自己以及所在的公司创造一个积极的形象。在这时，有控制性的表达和有选择性的细节会给听众留下好印象，而不会让他们觉得你在吹嘘或太过自负。

这时，你需要清晰和谦逊地表达。

一个关于产品新想法的分享

当你产生一个有关产品的新想法时，你可以跟大家分享这个好消息，而只需注意表达清楚。

布鲁斯·史密斯（Bruce Smith）是全球办公室家具公司 Steelcase 的顶尖设计师。史密斯在这家公司工作了 27 年，他非常清楚，有一个很好的设计想法并不代表其他人会理解。当公司的设计团队试图制作出一些顶级的、科技含量高的产品，比如新设计的"姿势"（Gesture）系列的椅子，就需要与人清晰迅速地沟通设计指导背后的伟大想法。

为了做出市场上最优雅别致且实用便捷的椅子，布鲁斯·史密斯及其设计团队要进行大量的研究和测试，在如何将这些信息进行压缩简化这个问题上，他们遇到过不少挑战。设计团队拿到手的研究资料数量大得惊人，如何把这么多数据和报告总结成一个结论性的设计理念非常关键。

"最终，我们把总结的重点放在一些非常简单的概念上，把这些概念看作解决设计问题的方法，"史密斯说，"但是，当我们试着去完善自己的想法、找到想要的设计时，发现这个过程非常混乱，很难让人理解并产生共鸣。"

设计团队最终决定，展示人们在工作时使用椅子的身体姿势就是表现这种新的设计理念最简洁的方式。因此，他们收集了成千上万张人们在工作时使用这种新技术产品时的姿势照片，并将这些照片进行分类和排序。

这项工作的最终讨论结果是把这些姿势照片进行分类，从中找出 30 张具有代表性的照片，"这些照片总共加起来的大小还不到一页纸，"史密斯说，"我们原先以为，要用很长的文章才能说清所有展示的重大变化。"

他们将自己的研究成果融合整理成了一张简单明了的图表：用一张简单、概要的卡通构图展示了 30 种不同的人体姿势。他们成功地将这个伟大的想法转化成一张清晰的图片。

"我们想表达的全部内容是：技术，因为越来越多的人在工作场所使用它，它正在改变我们的行为方式。我们最后的研究结果是：这张图表包含 30 张人们在工作时的姿势照片。然后，这个理念就像灵感爆发一样，每个人都明白了，"史密斯说，"这种感觉非常美妙。"

史密斯说，现在 Steelcase 公司的设计简报已经不是论文报告的形式了，而是卡通书的风格。他说："我们用文字、故事和卡通图像把原本可能很复杂的东西变得简单、明确、清晰。"

Steelcase 公司的这个故事说明其付出了很多努力，成功地将新产品的相关介绍变成了一则好消息，确保重要的消费者能够很快地理解。Steelcase 公司的设计理念经过了充分的研究，且论据充分翔实；现在，该公司也更加重视设计理念的表达，希望能用简单的方式表达其设计理念。

除此之外，将模糊复杂的设计理念变得明确清晰也非常重要。布鲁斯·史密斯说，将设计理念的相关信息传达给别人并不容易，这个过程经常会出现问题。就像玩"电话游戏"一样，一个人通过电话线一端对另一端的人小声说话，但另一端的人听到的信息却和说话人说的内容完全不同。

"尽管你的信息已经表达得非常简单明了，但还是可能会出现偏差和曲解，"史密斯说，"当你表达的信息不够简洁、简单，且不易被人理解时，出现偏差和曲解的可能性就更大了。"

你应该保证自己说的信息足够清晰明了，这样才能确保信息在传递的过程中不会产生偏差。

如果你做不到，正如史密斯所说："你可能没有充分理解自己的目标理念，这样就无法很好地与他人沟通自己的想法，进而导致出现失控的情况。但是，如果你足够用功和自律，你就可以将信息说清楚。"

用听众听得懂的语言阐述成功故事

戴维·米尔曼·斯科特（David Meerman Scott）是一位国际营销策略家，主要为像 HubSpot 和 GrabCAD 这样的技术公司提供服务。在其革命性的畅销书《市场营销和公关新规则》（*The New Rules of Marketing & PR*）中，斯科特重新定义了企业分享其成功故事的方式。

"市场营销和公关的新规则就是创建好的网络内容，吸引消费者的注意，"斯科特说，"你需要选择最好的方式去发布内容，不论是简短的还是一些人希望的长篇内容。"

然而不幸的是，对大多数企业来说，公司的成功故事往往迷失在其阐述中，故事变得让人愈发难以理解。许多公司都选择用一种费解的语言来表达，这不仅打动不了消费者，还会让其迷惑不解。

"一个成功的故事往往倾向于使用消费者都会用的词进行表述，像'革新'和'前沿尖端'这样的词往往显得空洞，毫无意义。"斯科特说。

斯科特还警告，尽管内容创新很重要，但不要让你的思路过于偏离要点。你的确可以使用对比的手法来简化想法，但前提是所用的对比必须能准确地体现出要表达的核心信息。否则，就会像斯科特所说的那样："所有的比喻都没用，反而让人觉得混乱，让人看不懂想要表达什么信息。"

如今，电视上到处都是公关和营销之类的内容，但这些广告的效果却不好，因为打广告的公司没有做过研究调查。没有研究消费者就做出的公关和营销如同无的之矢。

"他们并不了解所在的市场和消费者，所以提供的都是些产品信息。这些内容深奥难懂，但他们却尝试这样做而让产品听起来很重要。"斯科特说。

斯科特曾帮助 HubSpot 公司调整内容表达的角度，让其与公司的目标消费者直接对话。这样，HubSpot 公司想要传达的信息就不含消费者不熟悉的行业术语，防止他们看不懂。

"他们使用目标人群的语言来进行沟通，"斯科特解释说，"他们用的方法与记者用来理解听众的技巧一样。一些机构喜欢用一些模糊费解的表达，想让自己表达的内容听起来更重要，但结果却将沟通搞得一团糟，让消费者根本看不懂。像 HubSpot 之类的公司，它们要求所有营销人员频繁深入市场与消费者进行对话，不论是通过电话、电子邮件还是通过社交媒体。所以，这些公司不是'猜'市场和消费者在用什么语言进行沟通，而是像人一样与消费者进行沟通——因为人们交谈时，他们不会用一些让人印象深刻的、夸张的词汇。"

习惯说"谢谢"

在表达感激之情时，"简洁"起到非常重要的作用。当你因为人们所做的事而表示感谢时，你会突出其成功之处和优异的表现，让他们享受这种被关注的感觉。让人们享受他人对自己说"谢谢"的时刻吧，这个时刻虽然短暂，但却让人感觉温馨。

你道谢的重点应该在想要感谢的对象身上，而不在自己身上。对他们说出你的感激之情，让他们享受被感谢的那一刻吧。

[brief] **BITS**

提早结束你的发言，让听众意犹未尽

巴纳姆（P.T. Barnum）和沃特·迪士尼（Walt Disney）把成功的表达归因于这句名言："永远都让听众想要听更多。"这种智慧很明显适用于娱乐方面，但同样也适用于商业活动：把沟通看作一场表演。经理人沟通培训师杰夫·伯克森（Jeff Berkson）说："所有的商业活动都是一种表演形式，但注意不要表演过头。"

现在就拿出卡片和笔，给某个你想感谢的人写一封感谢信吧。写感谢信由来已久，虽然现在很多人已经不写信了，但它却是一个表现诚意的好机会。你可以写几行字来表达自己的感激之情，说出心底的声音。人们愿意收到感情真挚的私人信件。

花点时间思考一下，与人分享你的好消息；给别人写一封感谢信，表达你为其所做的事而感恩。这是所有成功经理人的共同特征，毕竟，没有人单靠自己就能成功。

一位经理人曾经告诉过我，他在职业生涯遇到的那些最优秀的人都非常成功，他们总是愿意花时间体贴地称赞他人。

第 19 章　如何传达坏消息

对操练教官来说，坏消息能给其更多的启发。

——李・艾尔米（R.Lee Ermey）

长话短说。传达坏消息的关键在于如何传达，并且尽可能地减少谈论坏消息的时间。

坏消息也有好的一面

如果告诉他人一个坏消息很难，那就不要拖沓，拖沓只会让这个过程变得更困难。

没人喜欢坏消息——不论是告诉你的老板无法按时完成项目，还是告诉一位重要的人你已将支票退回；不论是告诉大家一个最重要的客户给出的消极反馈内容，还是要不幸地去开除某个职员。在传达所有这些坏消息的时候，如果你事先花时间做了准备并且很快就能说到问题的核心，这个坏消息会更容易让人接受。

请记住，任何坏消息都有好的一面。不管情况看起来有多糟糕，我们不一定会失败。但是，在坏消息上过分地喋喋不休，反而会让人无法接受，并会加深其痛苦的程度。

在我的职业生涯早期，有一次，我正准备和一个重要的客户签合同，合同基本上谈得差不多时却突然在最后时刻遭到变故。那个客户决定取消签订合同，说自己不记得之前同意过。

[brief] **BITS**

停止说话，让听众有理解的时间

当与别人分享某个想法时，给他们一些理解的时间。当你告诉别人某件复杂的事或大量信息时，给他们一点时间去吸收和理解，知道何时该暂停说话与产生好想法一样重要。人的大脑就是一个处理器，如果你一直不断地按"发送"键，结果可能不会令人满意。

我感到十分惶恐。

对我来说，那绝对是个坏消息。我不得不给自己的上司打电话，告诉他合同在最后一刻被取消了。

我的上司来到那个客户的办公室，对情况做出了调整，直接签下了合同。事后，他把我叫到一边说："小伙子，听清楚了，不要让这件事打败你。"

这几个鼓励的词让我明白，问题是可以解决的，要找到坏事好的一面，从中获益。

在本章中，我们将一起探讨如何用一种专业的、有礼貌的、高尚的方式来传达坏消息——这种表达方式永远都不会让我们"翻船"。

直接告诉他们

约翰·查林杰（John Challenger）是 Challenger, Gray & Christmas 公司的 CEO。Challenger, Gray & Christmas 是美国一家就业顾问公司，是行业认可的与就业有关的经济、劳动力和雇佣方面的领导者。他的公司经常为需要裁员的公司经理人提供咨询服务。据约翰·查林杰说，在这些场景中，沟通通常很困难，很容易出现失控的情况。

终结他人工作机会的最好方式是直接告诉那个人这个坏消息，而发布者不要纠结于此，应尽早撤离，让那个人自己着手处理此事。

"当他们听到这个坏消息时，血液会涌向大脑，导致其无法思考，就会发生糟糕的事，"查林杰说，"因此，一定要简短地说完坏消息，在 5 到 10 分钟内说完。"

查林杰说，在解雇某人的对话中，一定要直率和积极地表达解雇的消息，而不要显得屈尊俯就。

"会谈的重点应该放在宣布坏消息上。老板解雇了员工，他们不该是安慰被解雇员工的人，"他说，"老板应该人性化、友好地告诉员工被解雇的消息，但在那种情况下，他们有时很容易受到感染，而试图像朋友一样对待被解雇的员工。"

即使被那一刻的情绪所感染，也许你想重新说一遍解雇员工的理由，但不管你说什么，在被解雇的人听来，你都是在说其不够优秀。

"不要那样做，否则会变成一场争论，"他说，"在这个时候，不该重复这类内容，也不要批评那个人。"

"在这个时候，你应该向那个人提一个小建议，或者说一句积极的、简短的话，'你会渡过这个难关的。'"

"我记得自己有一次在办公室里，突然听到两个人走到门口互相歇斯底里地大吼大叫，争吵得不可开交，"他说，"他们刚走出门就吵了起来，他们的情绪完全爆发了。"

所以，要直接地说出坏消息。要用一种友好的、人性化的口吻说出解雇的消息，态度要坚定。你需要给出详细的解雇理由，但这时不适合进行太长的讨论，否则可能会导致不必要的争执。

如果很不幸，你不得不开除某个员工，请试着考虑下面三点内容。

• 避免太长的讨论。

• 简短地告诉被解雇的员工这个坏消息。要意识到，在你说完这个坏消息后，那个员工需要点时间来整理思绪；不要期待他/她立即就能理解并且接受这个坏消息。

• 门总是关着的。帮助那个人去接受这个坏消息，然后把精力放在重新振作上来。

端上 S#&$ 三明治

安吉洛做事总比预期做得要好，而且他非常期待快速投入到下一件事中。他是芝加哥一家成长型技术公司——Zebra 技术的明日之星，他期待着下一个职业机会。

当新的销售经理职位出现了空缺，他就为竞争该职位做好了准备。但是，面试中发生的事却出乎他的意料。

"我申请了这个职位，并且得到了面试机会，"他说，"我想这是个很好的标志，我确信自己是最适合该职位的人。"

对安吉洛进行面试的人是公司的销售部副总裁。他把安吉洛叫到办公室，并叫他不要拘束。

但是，接下来发生的事改变了一切。

副总裁说："你应该有点紧张吧。"

安吉洛回答："有点紧张。"

"好的，我接下来的话会让你不那么紧张的。你没有得到这个工作机会。"

安吉洛有点吃惊。在他作出反应之前，副总裁说："希望你现在能感觉轻松些，因为现在，你不会失去什么东西了。"

"好吧，也许是这样。"安吉洛回答。他不清楚接下来会发生什么。

"但我们现在要做的是，抓住这个让你为这份工作做好准备的机会，"副总裁说，"到目前为止，你没有任何管理经验，你从未正式地领导过某个组织，而且你也没有证明自己具备这些能力。我会帮你制订一个计划，帮你早日达到这些要求。"

他们之间的对话持续了一个小时。

"虽然不是好消息，但它听起来很具有积极意义，因为他没有对我采取'S#&$ 三明治'手段，而是直接地告诉我这个消息。"

"S#&$ 三明治"是一种大多数人用来传达坏消息或给出苛刻反馈时的手段。他们在说坏消息的同时，还会夹带一些无意义的对对方表示肯定的废话，而且让人一听就知道是假话。比如：

你很优秀，是个强手，大家都很喜欢你具有的道德和态度，等等。但是，你并不了解自己正在做的项目，也不清楚接下来会遇到的问题。我们知道你有很好的前途，看重你为公司所做的奉献。

罗杰·舒华兹（Roger Schwarz）曾写过一篇《哈佛商业评论》

（*Harvard Business Review*）的博客来抨击这种"三明治"策略，他在博客中建议公司经理人采取坦率的方式来表达负面信息，他们在帮助听众的同时也在帮助自己。

坦率地表达负面意见能让你在沟通中体现真诚，以此减轻双方的不安。

人们通常收到的信息都是"好消息——坏消息——好消息"的结合，使用这种沟通方式会让听众产生疑惑，甚至会误导他们。这种方式很可能让人错失重点，这对听众不公平，而且沟通效果也不好。

想象一下，如果 1 000 个经理都采取这种"三明治"策略，情况会怎样呢？员工会听不懂他们到底在说什么，也不知道自己怎么才能做得更好，公司将会付出很大代价。

当你要给某人一个严苛的反馈意见，那就直接告诉他们吧。对他们和你来说，面对这些坏消息的时刻都是一个好机会。

当你要表达坏消息或给出严苛的反馈意见时，请考虑下面三个重要问题。

- **问题**：我是否简洁明了地表达了坏消息，而没有手下留情？

- **原因**：我是否说清了原因，对方是否理解了原因？

- **可能性**：我能否把这个艰难的坏消息时刻转变成真心的鼓励？

要做到这些，需要诚实的表达。而做到诚实表达的最好方法就是做到简洁表达。

而且，简洁、诚实的表达还可以将坏消息变成像案例中安吉洛遇到的情况那样。几个月之后，安吉洛终于成为了一名销售部经理，因为此时的他确实已经准备好了。三年之后，他是公司的"年度最佳经理"。

[brief] **BITS**

当你进行清晰表达时，听众听到的内容会比你说的更多

芝加哥新未来主义者剧院（Neo-Futurists）上演的《光太亮会让孩子失明》（*Too Much Light Makes the Baby Go Blind*）一剧总共时长 60 分钟，它是由 30 个迷你剧组成，每个迷你剧都综合了戏剧、喜剧、时事和讽刺的内容。每周，该剧都会以一个崭新的面貌登上舞台，剧情主要呈现的是当前时事。开幕不到两分钟，演员们就能说到关键之处，剧情针砭有力而且很具观赏性。该剧能让观众欣赏到每个迷你剧的剧情，这种形式也很受他们喜爱。

第 20 章　商务活动中的精简表达

我喜欢设置最后期限。我喜欢听人们快速工作的声音，他们就像在飞翔一样。

——道格拉斯·亚当斯（Douglas Adams）

长话短说。紧凑地表达，确保听众在积极地倾听，而且的确在听你说。

说和做的比率

当某人问你："情况怎么样？"记得给他/她一个直截了当的答案。

每个人都要告诉上级自己最新的进展情况，这是我们每天要做的事。通常，我们都是在忙出忙进时告诉别人自己最近的进展情况。有人顺道来到办公室，你要告诉他；有人发邮件询问，你要回复邮件告诉他；你在大厅遇到某人随口问起此事，你要在那里告诉他；有人打电话询问，你要在电话里告诉他。

在上面谈到的场景中，我们都要给对方一个清晰的答案。

多年前，我在一家公关公司工作，管理一个很大的团队。团队的每个成员都有责任为我们的客户增加媒体曝光量。

我们常常担心的一个问题是向客户说清楚如何帮他们在重要媒体上发布报道。在公关行业，想要通过 CNN、《华尔街日报》或《福布斯》这样有名的媒体为客户发布报道是一件很难的事。你需要不断地寻找新闻看点，找到可能愿意发布报道的故事天使人，以及说服他们为什么值得其花费时间和注意力来发布报告。要想得到希望的结果，你需要做很多必要性的基础工作，例如，建立列表，研究这个新闻媒体一般会报道什么内容，理解其期待报道的内容；了解新闻周期，或从客户机构中找出一位有资格与媒体进行对话的大人物。

所以，当我路过办公室通道或查看员工工作状态时，我总会问他们："与媒体沟通方面的事进行得怎么样了？"许多员工都会立即说出自己为使客户登上重要媒体而所做的一切，但只有戴维一个人不是这样。当我问戴维同样的问题时，他真正能听明白我在问什么。比如有一次，我们处在一个非常关键的时刻，正在进行一个重要客户的项目，这个客户对项目的期望非常高。

我在大厅碰到了戴维，我问他："项目进行得怎么样了？"他的回答是："现在没有什么进展可以说。"

当天，他这样回答我时，我立刻明白，他不是在说"我什么也没做"，而是在说"我做了很多事，但现在有关媒体方面没有什么结果。我所做的事可以和你说上一整天，但你不会在意那些，你想知道的是：我已经做完了哪些事？"

他这么做是对的。我就想知道这些内容。

如果你向人们汇报进展的情况，简洁表达则意味着只需要告诉他们想听的内容，而不用说出所有其他细节或其并不在意的其他信息。他们想要弄清你所做的事现在得到了怎样的结果。有些人把这个称作"说和做的比率"，即你说的话和你做的事之间的关系。

我的女儿莫妮卡大三时在巴西留学，那时她做了一份实习工作。她实习的公司是一家有点儿像 Staple 或 OfficeMax 的创业公司。"我发现少说话多做事非常重要，不要给予过度的承诺，也不要比承诺的事做得少。我有很多想做的事，而且也经常与人讨论这些。但是，我只能完成其中的一两件事。"她说。

莫妮卡告诉我，如果她想做的事比计划中的少，但实际完成的事更多，效果往往会更好。

"当我开始这样做时，我得到了更多的工作，他们给了我更大的责任以及肯定。"对于自己的计划，莫妮卡没有与人讨论太多，而是积极主动地去做，她把"说和做的比率"控制得很到位。

当你向别人汇报进展情况时，你最好直接说到点子上。你只需要说："这是我正在做的事，这是我完成的事。"然后，你可以让结果自己说话，让结果去证明你的能力。

精练表达，去掉多余的字词

丹·阿里昂斯（Dan Ariens）是割草机和除雪机精益制造商 Ariens 公司的 CEO，他所在公司的每份机器制造和运营管理进展报告都只有一页纸的长度。这些报告都是用同一种 A4 纸写的，其中包含了一张简单的图片、10 条解释性的步骤说明以及几句评论——没有其他东西了。

他所在的公司非常信奉"精益六西格玛"的方法，以此用来消除公司不必要的浪费。对丹·阿里昂斯来说，同样可以使用"精益六西格玛"的方法去实现精练的沟通（见图 20—1）。

图 20—1　精简表达的影响力

　　"不管我是在处理薪酬管理方面的事，还是处理人力资源或生产装配方面的事，都有相应的工作指导，"阿里昂斯说，"我们把所有工作指导说明都缩减成一张纸的内容，这张纸上写着'这是我们用来管理薪酬、财务会计或某个组装台时的标准做法'。它们看起来非常简单、简洁，且重点突出。"

如果有人想修改"标准工作方法"表，他需要将自己的理由用一页纸写出来。"他需要画张图、写几句话，我会把他的意见交给主管批复。如果方案获得批准，我们就会按照修改意见对表作出相应修改。我们只需用一小时就能完成整个修改流程，"阿里昂斯说，"你只需画几张图片、写几句简单的评价和意见就能提供修改意见。不要写一大堆内容告诉我修改理由，对我来说，那些不重要。"

Ariens 公司通过几句简短的内容就能知道公司在制造方面的最新日常运营情况。

"我可以在穿行工厂车间时同时阅读这些进展报告，这些报告都是手写的，告诉我某个生产线是否在按照预期规定时间完成工作，"阿里昂斯说，"手写报告很有用，而且报告的生成快速简单。我们要求员工手写报告，就是在要求他们清楚每个时间段装配车间的生产情况。"

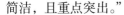

[brief] **BITS**

一个有效的专业人士的首要技能就是精简表达

精简表达是一种有力的武器，它可以对抗谈话中常见的几种威胁，比如注意力缺失、受到干扰、信息太多、缺乏耐心等。我们应该同身边的人一起，不仅意识到当前社会存在注意力缺失这个难题，而且要用武器武装自己，去赢得这场战争。

将操作说明浓缩成一页纸的长度，这种做法有助于大家理解公司

要求做什么事、需要完成哪些事。对自己在办公室宣传的做法，丹·阿里昂斯本人也身体力行。

"在我的办公室里，每张战略计划都只有一页纸的长度。我只用一页纸就说明了策略、理由和目标分别是什么，而且每项内容都只有一两句话。"

阿里昂斯严格控制着文本长度，他非常遵守精简法则，无法容忍准备不充分的报告。他抱怨，自己参加的会议议事日程一般都太长，会上有很多聒噪的意见领袖，他们总想不断重复自己的意见。

"这样做太浪费时间了，"阿里昂斯说，当别人讲第一段或前几句时，他就能看出这个人是否提前做好了准备工作，"关键在于这个人是否给出了简洁连贯的解释或集中精力解决某个问题。"

阿里昂斯提到两种导致会议拖沓的错误行为："如果对自己所处的位置感到不安，他们就会一直不断地说，希望能找到答案。他们试图寻找同意自己想法的人，所以就不断地说、不断地寻找，直到发现有人向他们点头表示赞同。一个有信心的人不会这样做，他们会直接说到点子上。"

把你想讲的会议内容浓缩成一张纸的长度，没人希望你从头到尾不断地说。

阿里昂斯还说，办公室政治导致会议变得太长，而且没有重点。"人们想确保管理层能够听到自己的声音。他们认为，只要自己发言，就能控制或改变别人的想法，使自己处于领导的位置。"他说道。

[brief] **BASICS**

标记：三点内容的力量

使用标记能简单引导出想要分享的内容要点。

在职业生涯早期，我有几位导师，其中一位是拥有许多光辉成就却仍然谦逊和蔼的退休记者——在他身上集合了很多值得我学习的特质。

那时，我们要为一个客户准备一次重要的东海岸媒体巡回采访，他和我都建议这个客户和几大媒体进行一对一的采访。他给了这个客户一个重要的建议：如果你对自己说的内容进行标记，那么所有的记者都会做笔记或留意你说的内容。

标记的作用是简单标记出想要分享的内容要点。我的导师让这个客户感受到做标记的重要作用，只要这个客户说"最重要的三点内容是……"，采访记者的精神就会特别集中。

使用标记是一个强有力的方法，它可以吸引并控制人们的注意力。因此，请认真梳理信息，并将其浓缩成一个简短的列表。

与标记相关的说明如下。

▶ **点与点之间有简单的逻辑**。简单的逻辑能使你和听众都保持同步。

▶ **点与点之间按顺序排列，而且内容保持平衡**。这样你就能清楚地预料听众要听多少内容，以及你的进展如何。

▶ **点与点之间有联系**。听众之所以被你讲的内容吸引，是因为他们知道你现在讲到哪里了，这就像在书中标记好是哪一章一样。

"这点非常让人沮丧。你本来想说'好了，我听懂了，明白了'，本来想问'我们可以继续讨论下一个问题吗'或'我能听听其他人怎么说吗'。但当你想问几个问题或提出想看一下数据时，人们总是说个不停，但他们的回答却不是你想要的答案。"

"时间是我最重要的东西，"阿里昂斯说，"如果你无法好好利用我的时间，我会有些生气。"

最重要的问题：我为什么来这里

在过去的几年里，USG 公司的 CEO 吉姆·梅特卡夫（Jim Metcalf）要求和下属的每次直接会面都必须在开始就说清会议的目的。

"一天，我开了一整天的会回到家并思考'我今天什么都没有做成'，我没有产生任何影响，"吉姆·梅特卡夫说，"我参加了许多会议，但在会议中，我总是不禁发问'我为什么会来这里呢？'"

吉姆·梅特卡夫意识到，他宝贵的时间都被与下属的直接会面耗光了，因为他的下属只想告诉他一些最新信息，而没想过从他那里获得一些行动决策。即使有些事只需给吉姆·梅特卡夫打电话就能说明，但他们仍然坚持要面对面向他汇报。

"我讨厌开会，"吉姆·梅特卡夫说，"我希望由于某个原因而与人开会，而不是为了开会而开会。"

比起开长时间的会议，吉姆·梅特卡夫更喜欢开简短的小会。他不喜欢长篇大论，而偏好简短的总结。而且，他尽量不开会。他希望人们在会议一开始就说清会议的目的：这次会议是为了提供信息，还是为了讨论决策。

"我喜欢用一页纸就能表达出全部的信息，但人们不会总给我一页纸的内容。因为对他们来说，很难把所有内容都浓缩在一页纸上，"吉姆·梅特卡夫说，"如果内容超过一页纸的长度，我很快就会失去兴趣。规定所有内容都只有一页纸的长度能帮我控制好时间，不会在其他地方浪费时间，让我在股东希望多花时间的地方产生更大的影响力。"

吉姆·梅特卡夫在每次会议中都会补上同样一个问题："为什么你

们让我参加这个会议？"

"我坚持准时开始会议，坚持会议要有议事安排。我认为，所有会议都不该超过一个小时。如果会上有人迟到，我有时会关上会议室的门，或者不给迟到者安排座位。"

想让会议变得简洁，需要领导团队成员在会中进行调解，决定谁来说和说多久。通常情况下，如果有人占用了太多的会议时间，吉姆·梅特卡夫就会打断那个人。而且，他一旦对会议感到厌烦，就会说声"谢谢"，然后起身离开。他不允许任何人占用过多的时间，该用多少时间就说多久。要么你简洁地表达，要么他马上离开。

当吉姆·梅特卡夫在工作时，如果有人走进他的办公室找他说话，他也会控制时间，站起来与那个人说话。

"如果有人坐在椅子上、翘着腿，估计他很快就要与你聊在暑假发生的事了，"吉姆·梅特卡夫说，"但是，我在办公室里会站着与他们进行简短的沟通。说完重要的事后，我会立刻送他们出门，他们似乎还没有意识到这点。"

吉姆·梅特卡夫这种直接、不讲废话的沟通方式清楚地说明了：精简的表达也是商务活动的一部分。

[brief] **BITS**

当人们看见你在读这本书时，他们希望看到你将要发生的变化

说得已经足够多了。

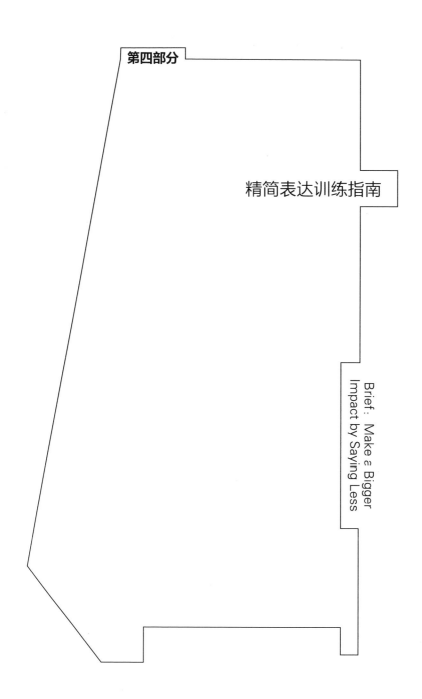

第四部分

精简表达训练指南

Brief: Make a Bigger
Impact by Saying Less

第 21 章　精简的表达：总结和行动计划

长话短说。我们不要忘记，自己原来的繁冗表达已经成了坏习惯，而这种风险一直存在。

你已经下定决心掌握清晰简洁的沟通艺术——这也是其他人渴求掌握的本领——那么就需要制订一个实用的、个性化的行动计划，帮助你成功掌握这门本领。现在，你已经知道了与精简沟通有关的原因、方法和时间，我制作了一些贴士（包含真相、指示、计划／练习）来帮助你真正做到"少即是多"的表达艺术。

你需要记住下面列出的精简准则，保证自己时刻都在正轨上。仔细阅读下面的贴士，从中选取一些吸引你的内容，这些贴士将对你起到立竿见影的效果。

请保持注意力

管理好"抓不住的 600"（我们多余的心智能力）是你的责任。

1. 真相：信息泛滥，我们有太多信息需要处理，因此很容易分心。

2. **提示：** 你有责任管理好人们的注意力，即他们是否在听你说，是否能听懂你说的内容。

3. **计划和练习**

（1）看一个 5 分钟长的真人秀，将你看后的想法写下来，或用录音记录下来。

（2）下次跟人说话时，在脑中记下你们谈到哪里时开始走神的。

为什么，为什么，为什么

快速找到问题产生的原因，然后重新解决问题。

1. **真相：** "为什么"是个非常重要的问题，但我们经常在沟通中遗漏了"为什么"。

2. **提示：** 除非你告诉别人自己说的内容很重要，否则，他们将永远听不懂你说的话。

3. **计划和练习**

（1）下次，当你给某人写一封重要的电子邮件时，第一步就是用一句话写出这封邮件之所以如此重要的原因，并把这句话写进邮件中。

（2）在脑中时不时地提醒自己"这个很重要，因为……""这就是为什么……"或"我之所以要告诉你这些，原因在于……"

把你要说的内容用图示画出来

在开始说之前，将你要说的内容写在纸上。

1. **真相：** 在讲话开始前，你的思路要非常清楚。

2. **提示：** 用导图的方法绘出要讲的内容，弄清自己的演讲中包含哪些细节。

3. 计划和练习

（1）下次，如果你有一个很重要的电话，就可以用导图表示出希望与人分享的三四点关键内容，并画出这些内容之间是如何联系的。这样，你在打电话时就能按图示上的内容来说。

（2）把你这三个月内所用的简洁图示或叙事导图复制下来，放在一个文件夹里。

（3）用导图画出你从本书上学到的内容，并结合图示告诉其他人为什么这本书对你有帮助，以及它是如何帮助你的。

给别人一个标题

平实、直接、快速地说出标题。

1. 真相： 没人愿意花费额外的精力去猜你到底想表达什么意思。

2. 提示： 一开始就给出标题，告诉别人你要说什么，在谈话结束时再提一遍。

3. 计划和练习

当你阅读报纸或杂志时，划出能吸引你注意力的标题，并写下其吸引你的原因。

（1）下次，如果有人问你一个典型的问题（比如"周末过得怎么样"），要用不到 30 秒时间说出自己的总结性标题，然后再用 30 秒解释原因。

（2）阅读萨姆·霍恩（Sam Horn）所著的《成功的产品包装》（*POP*）一书，试图读出更深层的内容，并且学习如何突出自己的想法。

花时间修改你想表达的内容

如果仅仅是想到某个内容，并不意味着你必须把它说出来。

1. **真相**：你应该有活跃的大脑，而不该有快嘴的引擎。

2. **提示**：当我们想把脑子里所有的想法都说出口时，要约束自己不那样做。

3. **计划和练习**

（1）与一个同事或朋友谈论他 / 她最喜欢的电影或书籍，在脑中留意可以省略哪些细节，自己是否留下了出现问题的可能。

（2）把你的私人故事告诉两个人（将自己的真实经历告诉他们，比如：你如何遇到了自己最好的朋友或未婚夫 / 妻等。）告诉其中一个人全部的细节信息，而只告诉另一个人最重要的信息。

（3）登录电子邮箱或 YouTube 网站，浏览你看到的前 20 个列表。注意观察哪些是"太长而不会读"的邮件内容，哪些是"太长而不会看"的视频内容。

仔细地倾听

积极的倾听是与听众保持联系的重要方式。

1. **真相**：有效的沟通者首先必须是个伟大的倾听者。

2. **提示**：如果我仔细去听，我就会知道对听众来说哪些内容很重要，并能引起其持久的兴趣、吸引其长时间的注意力。

3. **计划和练习**

（1）参加完三个会议后，你能否立即想起会议上谈过的三个重要观点。

（2）从 YouTube 上任意找出三个 TED 演讲，用一张简短的列表记下你所听到的内容或推理归纳得出的内容。

拒绝刻板的展示

避免演讲或独白，要把内容讲得有个性、很专业，就像对话一样。

1. 真相：没人会喜欢只听不说或听人说很长时间的话。

2. 提示：当你要正式展示某些内容时，要让听众随时都能积极地参与展示。

3. 计划和练习

（1）展示结束后，让听众写下自己听到的三点内容并交给你，将他们的反馈同你在展示前绘制的导图进行对比。

（2）当你制作 PPT 时，记得要使用强烈的视觉效果，而且至少要保证一半的 PPT 都在讲故事或在讲某件趣事。

（3）在 YouTube 上搜索一篇关于"沟通效果"的展示，挑出你觉得最长、最枯燥的一个，并从头看到尾。

使用三个要点的力量

把信息整理成三个要点，保证你说的内容顺序正确、能吸引听众的注意，而且内容之间要保持平衡。

1. 真相：在爱尔兰的笑话里总是有三个人物，而且事件总会在酒吧里发生，这是有原因的。

2. 提示：管理听众的注意力，这意味着不要给他们太多要点去思考和处理。

3. 计划和练习

（1）从网上找一个笑话（或找一个爱尔兰笑话，内容健康向上即可），确保找到的笑话中有三个可笑的人物，然后给三个人讲这个笑话。

（2）回想在假期里发生的最令你难忘的三件事，把它们写下来，当有人问起时就和他们分享这些。

将你要说的内容长度减半

不管有多少时间去表达自己要说的话，都要尽可能地少用时间。

1. 真相：当会议提早结束时，忙碌的人能注意到。

2. 提示：我们比预定花了更少的时间，但却得到相同的效果。

3. 计划和练习

（1）下次，如果某个会议给你安排了很长的讲话时间，请试着将自己的讲话时间缩短一半——但还要保持原来的讲话速度，这里的缩短时间并非是指加快语速。

（2）打开你的电子邮件"已发送的邮件"文件夹，从中找出一篇内容较长的邮件，试着将内容缩短到一半。

尽管说吧（错误的方法）

用自己常用的语言进行表达，以保证其真实性。

1. 真相：使用商务语言进行表达会使文字失去原本的意义，而且要花很长时间才能说到重点。

2. 提示：如果你说的话听起来像在打官腔，人们就会无视你。

3. 计划和练习

（1）试着像开会时那样在家里讲话，注意观察你的孩子和家人的反应，他们有没有用奇怪的眼神看你。试着用你和家人、朋友过周末般的语言在工作场合说话，保证用平实的语言，而不用艰深的商业术语。

（2）仔细听商务人士是如何说话的，并且记下那些听起来毫无意义的企业行话，把这类词汇加入"语言禁区"列表。

（3）找一个你尊敬的人，当面向他/她表达你的敬意，或写下他/她让你尊敬的地方。不要准备任何正式的内容，尝试说出你内心深处想对其说的话——但这些话的长度不要超过一分钟。

画一张图片

用故事、比喻甚至假设的例子来帮助听众将你所说的内容视觉化。

1. 真相：如今，很多人都是通过可视化方式来思考事物。

2. 提示：我们需要创造一些视觉元素来说明自己的观点。

3. 计划和练习

（1）用小故事或者轶事的形式开始每次会议或展示。

（2）深层阅读丹·罗姆（Dan Roam）所著的《餐巾纸系列 1：餐巾纸的背面》（*Back of the Napkin*）一书，学习如何使用图片或图表。

（3）阅读加尔·雷纳德（Garr Reynolds）所著的《演说之禅》（*Presentation Zen*）一书，学习如何使用 PPT 的技巧。

请注意停顿

有时，你需要停下来，留点给别人反应、评论和提问的时间。

1. 真相：人们不知该何时停下来，也不知道该如何停下来，尤其是当他们有很多内容要说时。

2. 提示：适时地停顿不仅能让他人参与进来，还能让你明白他们是否对你所说的感兴趣，或是否跟上了你的节奏。

3. 计划和练习

（1）在之后进行的几次会议中，尝试不做第一个或最后一个发言的人。

（2）如果人们打断了你的发言，那么就任其被打断。反正听众都没有听你说话，他们只不过在等待自己说话的机会。

（3）不要一直说到最后要做总结时才停下来；适当地停下来，什么也别说，直到下一个演讲者开始说话。

演讲时不要参考笔记

将你准备的资料放在一边，不要参考它们，说你自己想说的内容就行了。

1. 真相：太过于依赖笔记或 PPT 可能会使你的演讲内容不像自己所说的，或把演讲说得太拖沓。

2. 提示：如果你不想或不习惯脱稿发言，那你可能永远都不能做到清晰、简洁的表达。

3. 计划和练习

（1）在展示中，试着征求团队的意见，看看你能否省去 PPT 或不用 PPT 做展示。

（2）准备精简导图，并把导图内容记下来当作指导，与三个不同

的人分别展开对话，然后将你说的内容与导图上的内容进行比较。

不要太舒服、随意

当你感觉说得很顺畅时，就该把内容进行删减了。

1. 真相：当你感觉别人对你说的内容很感兴趣时，就该停下来了。

2. 提示：如果希望别人继续听你说更多的内容，你就需要少说些。

3. 计划和练习

（1）与某个人谈论自己感兴趣或充满热忱的事，但所说的话不要超过 30 秒钟，不要连续说个不停，要让对方参与到谈话中。

（2）观看一个 TED 演讲视频，留意自己要听多久才能听懂演讲者的观点。同样，留意你觉得演讲者本可以停下来的地方。

放在饼干上

不要上来就烹饪一顿语言的大餐，而要先上点简短的总结，试试听众的胃口。

1. 真相：质量比数量更重要。

2. 提示：只有人们主动告诉你，你才能知道他们是否紧跟你的思路。

3. 计划和练习

（1）当你下次想要打电话谈论一件重要的事时，试着做笔记，准备一个精简导图式的总结，这样你才能用两分钟或更少的时间做完总结。

（2）用叙事导图的形式，将你最喜欢的书籍或电影进行总结。当你与人分享它们时，按照导图上的内容进行叙述，时间不要超过 5 分钟，看看你能否说服听众去阅读那本书或观赏那部电影。

如果你不在乎，就没有人会在乎

提醒自己，如果连你自己都对要讲的内容不够热忱，其他人也不会对你要讲的内容表示出热忱来的。

1. 真相：最会讲笑话的人常常在讲一半时自己都会笑起来。

2. 提示：你必须全身心地投入到自己的讲话中来。

3. 计划和练习

（1）问一个与你共事或私交好的人有关儿童时代的回忆，留意他们在和你分享这些信息时有多么兴奋，他 / 她想说多久就让他 / 她说多久。

（2）给一个出版社的编辑写一封信，讨论你最感兴趣的话题。你首先要做的是用导图表示出这个话题，确保这封信的内容在 200 字以内，并尽可能让这封信发表出去。

（3）拿起电话，给一个对你的职业生涯有过重要影响的人打电话，向他 / 她表达你的感激之情。

确保没有需要听众自己组装的地方

整理你要说的内容，并逻辑清楚地表达出所有关键内容，以便让听众听懂和理解你所说的内容。

1. 真相：没有人喜欢在圣诞夜时收到需要自己组装的玩具或自行车。同样，人们也不希望花费精力去组装话语和思想。

2. 提示：告诉听众应该正确表达的细节层次，使内容便于理解。

3. 计划和练习

（1）试着记录日常概要，让你的老师为你感到自豪。起初，你可以写些最近发生的事、会议以及重要的电子邮件。

（2）尝试只记录概括性的内容，写下一天中的第一层细节，注意不要写太多的第二层细节，并且，完全不要写第三层细节。

（3）观看一个脱口秀采访节目，留意采访嘉宾谈到的所有第三层细节的内容。

讲述和推销

人们讨厌推销的东西，但他们却喜欢听故事。

1. 真相： 当你被说服去相信一件自己起初并不了解的事，你会觉得后悔。

2. 提示： 找出构成好故事的必要元素，尝试尽可能地讲故事。

3. 计划和练习

（1）想出能解释你和自己所在公司的三个成功故事，当下次有人问你关于工作方面的事时，就与他们分享这些故事。

（2）与人分享他们最棒的或最糟糕的销售经历。注意积极倾听、做导图，并且与其他人分享这些故事。

对我来说，最重要的内容是什么

你所讲的内容要包括对听众来说最重要的东西，让他们感觉有收获。试着找出这些内容，并且将其讲给听众听。

1. 真相： 在听的时候，听众会很自然地思考："这会对我产生什么影响呢？"

2. 提示：你需要在讲话结束时说出关键句，或在讲话开始时说出内容提要，告诉听众值得听的内容。

3. 计划和练习

（1）试着讲个笑话，然后留意人们对那句令人发笑的话有什么感受。

（2）在写电子邮件前记得问自己：对收信人来说，邮件中最重要的内容是什么？他/她为什么要读这封邮件？然后把这些理由都写进邮件里。

努力做到清晰简洁的表达

只有下定决心遵守精简表达的法则，才有可能成功掌握精简表达的艺术。

1. 真相：精简表达能表现你对听众的尊重，而且你总能收到积极的回应。

2. 提示：如果你想对听众产生更大的影响力，请试着对他们少说些。

3. 计划和练习

（1）练习，练习，练习。认同这些教你如何做到精简表达的贴士，并且试着写下至少三个贴士。

（2）告诉别人你正在阅读这本书，以此来增加可信度。

（3）成为精简表达的典范，并且尝试向更多的人介绍和推广精简的表达。

译者后记

当今世界信息泛滥,人们普遍缺乏时间和专注力,很多人身兼数职,分身乏术。对他们来说,最好的尊重可能就是尊重他们的时间。因此,精简有效的沟通是人们在商业领域取得成功的必要技能之一。

然而,很多人对什么是精简有效的沟通还存在理解上的差距。以我教授的学生为例,当我在演讲展示课上提醒大家注意时间时,"由于时间原因,请大家简短地展示"这句话刚一说完,我就发现走上讲台的那个学生开始语速变快,就像播放器被提速了一样,紧接着就是一连串的后果:他的语速加快,语音语调变得机械化且脱离了感情色彩;同时,他的吐词也变得不够清晰,这让观众不知所云,也让演讲者失去了信心。于是,他越来越紧张,语速也越来越快……

同我的学生一样,很多人误以为精简表达就是指在短时间内说出很多的内容。幸好,本书作者约瑟夫·麦科马克非常清楚地指正了这一谬误:精简表达不仅仅指的是表达耗用的时间少,还指的是表达紧凑、有策略、有逻辑,把该说的内容说清楚,不说不重要的和不该说的内容。

作为一名高级营销主管，作者敏锐地察觉到身边很多人都熟视无睹精简表达的重要性，因无法精简有效地沟通而导致失败的案例不胜枚举。作者认为，信息泛滥、干扰不断、注意力缺失、缺乏耐心是当今商业世界的职场人士面临的普遍现实。因此，职场人士有必要训练自己精简表达的"肌肉"，发现适合少说、少即是多的场合，学习如何将复杂的内容表达清晰，让自己说出的话更具有说服力。

在沟通时，两个人最远的距离是我已经开始打哈欠、玩手机，而你却还在喋喋不休。因此，懂得讲话时适可而止很重要，知道如何适可而止更加重要。作者列举了真实世界中的案例，为读者解构了如何做到适可而止、精简有效的沟通，列举了图示法、叙事法、谈话法、展示法四种简便易学的方法。作者在讲解策略的同时还配有图示，以便读者更好地分析和理解。本书的内容分为三个部分：意识（awareness）、训练（discipline）以及决断力（decisiveness），作者幽默地将其称为新式的 ADD 法则，希望用它来治疗职场人士所患的通病：注意力缺失症（ADD）。

翻译的过程亦是学习吸收的过程。感谢中国人民大学出版社给我这样一个学习和体验的机会，感谢刘彩虹、王哲和徐汇溪女士在翻译过程中给我的帮助。我希望能最大限度地把原文内容忠实而有美感地呈现给中国读者，但本人才疏学浅，文中翻译还存在较多需要修正的地方，欢迎读者批评指正。翻译之路任重道远，吾将上下而求索。

湖北工业大学

何莹

北京阅想时代文化发展有限责任公司为中国人民大学出版社有限公司下属的商业新知事业部，致力于经管类优秀出版物（外版书为主）的策划及出版，主要涉及经济管理、金融、投资理财、心理学、成功励志、生活等出版领域，下设"阅想·商业""阅想·财富""阅想·新知""阅想·心理""阅想·生活"以及"阅想·人文"等多条产品线，致力于为国内商业人士提供涵盖先进、前沿的管理理念和思想的专业类图书和趋势类图书，同时也为满足商业人士的内心诉求，打造一系列提倡心理和生活健康的心理学图书和生活管理类图书。

阅想·商业

《穷人思维，富人思维：高财商养成记》

- 为什么富人和你想的不一样？思维的富有远比物质的富有更重要，一本助你提高财商、学会像富人一样思考的行动指南书。
- 学会用 W.E.A.L.T.H. 思想扭转消极的思维方式、培养自己积极的金钱观和财富观，并制订出真正可执行、可完成的致富行动计划。

《隐秘的商机：如何预测和整合未来趋势 》

- 《华尔街日报》畅销书，2015 年亚马逊商业类、营销类以及创业类畅销书排名第一。
- 世界知名的市场营销博客博主最新力作。
- WE Group 威汉营销集团创始人、CEO 作序推荐。

《重新定义流程管理：打造客户至上的创新流程》

- 企业业务流程创新的经典之作，颠覆传统流程设计模式。
- 助力企业打造世界级的、以客户为中心的业务改进计划，使创造 99% 价值的流程得以实施。
- 荣获"制造业诺贝尔奖"——新乡奖（研究与专业出版类）。

《战略思维与决策：优化商界与日常生活中的竞争策略》

- 来自世界最古老的商学院——欧洲商学院的战略思维和决策圣经。
- 众多国内外企业人士鼎力推荐。
- 一本企业管理者和 ENBA 学生必读书。

《99% 的销售指标都用错了：破解销售管理的密码》

- 国际公认的销售管理培训大师呕心之作。
- 彻底颠覆销售管理的传统观念。
- 帮助企业走出销售管理误区，让销售重归正途。

《精益创业：打造大公司的创新殖民地》

- 微软精益创业培训，湖南卫视专题报道，北大创业营推荐。
- 埃里克·莱斯精益创业理念的落地与实践。
- 帮助企业消除内部创新的"绊脚石"，释放企业创新创业的无限可能。

《啮合创业：在斯坦福学创业规划》

- 哈佛、斯坦福顶级学府、清华 x-lab 创新创业课教材。
- 首创创新创业啮合前行模型、超实用工具包，9 大齿轮协调共进，助力创新创业，打造属于你的成功之路！

《颠覆性医疗革命：未来科技与医疗的无缝对接》

- 一位医学未来主义者对未来医疗 22 大发展趋势的深刻剖析，深度探讨创新技术风暴下传统医疗体系的瓦解与重建。
- 硅谷奇点大学"指数级增长医学"教授吕西安·恩格乐作序力荐。
- 医生、护士以及医疗方向 MBA 必读。